D1395601

Se fixer des buts et les atteindre

Données de catalogage avant publication (Canada)

Prince, Yves H., 1933-

Se fixer des buts et les atteindre

(Collection Psychologie)

ISBN 2-7640-0409-5

1. But (Psychologie). 2. Besoin (Psychologie). 3. Motivation (Psychologie). 4. Succès – Aspect psychologique. I. Titre. II. Collection: Collection Psychologie (Éditions Quebecor).

BF505.G6P74 2000   153.8   C00-940065-6

LES ÉDITIONS QUEBECOR
7, chemin Bates
Outremont (Québec)
H2V 1A6
Téléphone: (514) 270-1746

© 2000, Les Éditions Quebecor
Bibliothèque nationale du Québec
Bibliothèque nationale du Canada
ISBN 2-7640-0409-5

Éditeur: Jacques Simard
Coordonnatrice de la production: Dianne Rioux
Conception de la page couverture: Bernard Langlois
Illustration de la page couverture: Andrew Judd / Masterfile
Révision: Francine St-Jean
Correction d'épreuves: Jocelyne Cormier
Infographie: Composition Monika, Québec

Nous reconnaissons l'aide financière du gouvernement du Canada par l'entremise du Programme d'Aide au Développement et l'Industrie de l'Édition pour nos activités d'édition.

Se fixer des buts et les atteindre

YVES H. PRINCE

LES ÉDITIONS
Quebecor

TABLE DES MATIÈRES

AVANT-PROPOS

*« L'essentiel n'est pas ce qu'on fait de l'homme, mais
ce qu'il fait de ce qu'on a fait de lui. »*

Jean-Paul Sartre

Le présent ouvrage n'est pas un livre à lire... C'est un outil de travail qui vous aidera à vous connaître à fond, à déterminer vos besoins réels dans toutes les sphères de votre vie et à réaliser tous vos désirs, abstraits et concrets.

Il s'agit d'un guide pratique et mécanique, à la portée de tous, qui donne des résultats précis, palpables et évaluables. Même si on n'y croit pas, il suffit qu'on en suive les directives. Voir, constater en évitant de juger, agir, réagir et... réussir!

Si vous avez l'intention de lire ce livre sans vous en servir comme outil, arrêtez-vous immédiatement et faites-en cadeau à quelqu'un qui saura en profiter. Vous resterez ébahi devant la radicale transformation qui habitera cette personne en peu de temps.

J'effleure plusieurs sujets parce qu'ils sont indispensables pour atteindre le but recherché. J'insiste cependant pour que vous consultiez les ouvrages de la bibliographie (voir à la page 235) et d'autres que vous découvrirez vous-même. Ils serviront de complément à ce que vous apprendrez ici et vous aideront à consolider la nouvelle façon que vous acquerrez de voir et de comprendre la vie.

Vers 1908, Napoleon Hill, un jeune journaliste américain, commença à écrire une série de reportages consacrés à la réussite d'hommes célèbres. C'est ainsi qu'il rencontra Andrew Carnegie, le roi de l'acier, l'un des hommes les plus puissants et les plus riches du monde à ce moment. Il convainquit Hill d'entreprendre une étude qui durerait 20 années. Il s'agissait d'interviewer les 504 Américains qui avaient le mieux réussi. Le but de cette étude? Rendre leur expérience accessible à tous. Hill ne se contenta pas de rencontrer les 504 personnes désignées par Carnegie; c'est en fait au-delà de 10 000 personnes qu'il interrogea. Fait à noter, Hill avait 80 ans quand il fonda l'Académie de la réussite personnelle.

Dans son livre *Réfléchissez et devenez riche*, Hill cite en exemple de nombreuses personnes qui ont réussi... sur le plan financier. Qu'en est-il, cependant, de réussir *sa vie*? Plusieurs des financiers connus ont fini par tout perdre ou se suicider. Un d'entre eux mit fin à ses jours parce que son immense fortune lui avait permis d'acquérir tellement de biens matériels qu'il ne lui restait rien à désirer de la vie. C'est ce que révéla le billet qu'il avait laissé pour expliquer son geste. Plusieurs de ces magnats avaient oublié qu'il n'y a pas que la réussite financière qui importe; ils avaient négligé les autres aspects de leur vie.

Hill publia son livre en 1937. Il y révéla les méthodes de réussite qui demeurent vraies aujourd'hui. Plusieurs autres auteurs ont présenté une méthode identique en y apportant certains changements, mineurs, à mon avis.

Quelqu'un, quelque part, a dit: «La plupart des hommes se préparent toujours à vivre, mais ils ne vivent jamais vraiment.» Oublierait-on de vivre le moment présent pour se représenter une sorte de bonheur parfait qui surgira un jour... sans vraiment savoir de quoi sera fait ce bonheur? On espère une extraordinaire panacée, mais sans avoir découvert ses besoins profonds et, par la suite, les fixer en objectifs à atteindre parce qu'on ignore comment le faire. Il s'agit pourtant là de l'élément essentiel au bonheur.

Et, la plupart du temps, on croit à tort que ce bonheur arrivera par quelqu'un d'autre ou par des circonstances extérieures à soi.

Innocent, l'homme, au fil des siècles, a été dépourvu de son droit le plus cher: une vie d'amour sans culpabilité et le bonheur constant. Ce sont les politiciens, les théologiens et les autres personnes du même acabit qui sont responsables du déclin du bien-être fondamental de l'homme. Ils vivent aux dépens des autres qu'ils ont asservis par toutes sortes de faussetés, leur inculquant un sens constant de culpabilité à contrer par des sacrifices qui ne servent qu'à eux-mêmes. Par exception, certains rendent d'immenses services à l'humanité.

On nous a appris, dès l'enfance, à quêter l'approbation des autres. Notre sécurité provenait tellement de nos pairs que nous nous sommes presque habitués, pensant que nous n'en avions pas le droit, à ne plus ressentir nos émotions réelles. Tout devient subjectif. Nous laissons aux autres les responsabilités de notre propre vie. Ils en profitent!

Quand on brime sa nature profonde, on anéantit ses propres sentiments. On développe la crainte de bouger et de passer à l'action, de peur de déplaire. On fait semblant d'être bien dans sa peau alors qu'on a mal. On laisse croire que tout va bien pour éviter d'être jugé... et on attend. On attend l'aide des autres. On attend que passe la chance... qu'on ne voit même pas quand elle se manifeste, tellement on est pris dans ses tempêtes émotionnelles. On évite de s'engager par crainte de l'échec annoncé par les autres, que des pensées négatives ne manqueront pas de provoquer.

On cherche alors l'approbation des autres selon leurs critères. On recherche les possessions financières, matérielles et le statut des m'as-tu vu? Pendant ce temps, on oublie sa vraie nature et les autres aspects si importants de sa vie. On se demande alors pourquoi on est insatisfait.

Si votre attitude réussit à faire croire aux autres que vous fonctionnez très bien, vous, vous savez qu'il en va tout

13

autrement, et vous souffrez. Ce n'est pas en brisant le miroir, si vous n'aimez pas le visage que vous y voyez, que vos problèmes se régleront, a dit quelqu'un. Pourquoi ne pas commencer à présenter un visage calme et serein qui deviendra bientôt votre vrai visage!

Il n'existe aucune situation nouvelle face à laquelle l'humain peut éviter une quelconque forme d'apprentissage. Or ne se présente-t-il pas quotidiennement des situations nouvelles dans une sphère ou l'autre de la vie d'un individu? Le truc serait de pouvoir alors *se sortir de soi* pour s'observer de l'extérieur. C'est ainsi qu'on pourra arriver à choisir son apprentissage, plutôt que de le subir face à ce nouveau qui surgit constamment.

On a souvent vu les parents, les éducateurs et les bonzes religieux n'insister que sur les faiblesses de l'individu. Il n'est donc pas surprenant qu'on se sente dévalorisé, et se trouver aux prises avec une foule de problèmes psychologiques.

Le présent ouvrage vous fera sans doute découvrir des faiblesses que vous pourrez changer en forces, mais il insistera surtout sur vos forces et vos qualités.

En apprenant à bien vous connaître, vous deviendrez capable de bien vous comprendre. Vous en arriverez à voir les faits et les situations sous un angle différent pour n'en considérer que les aspects positifs. Au lieu de vous arrêter à ce que vous n'aimez pas d'une situation, vous serez capable de dire ce que vous en aimez.

Il faut une bonne dose d'amour de soi pour apprendre à se connaître, suivie d'une bonne dose d'amour des autres pour apprendre à les connaître.

La politesse ne me permet pas de vous tutoyer, mais j'aurais aimé le faire pour que vous découvriez qui vous êtes vraiment, comme si cette appréciation venait d'un proche digne de votre confiance. Pour éviter toute ambiguïté, le masculin inclura aussi le féminin.

Ce livre a donc pour but de vous aider à évaluer où vous en êtes rendu dans votre cheminement, à déterminer vos besoins et à décider si vous voulez ou non en faire des objectifs à atteindre. Il s'agit, en quelque sorte, d'un laboratoire de recherches constantes sur vos besoins, vos attitudes et vos intérêts. Ils ont continuellement évolué au fil des ans, et ils continueront à le faire.

Le plus difficile? Savoir ce que vous voulez. Pour le découvrir, vous passerez sans doute des moments d'incertitude profonde, voire de découragement, mais vous vous en sortirez rapidement pour atteindre calme et sérénité. Vous pourrez facilement vous y retrouver à l'aide des grilles que j'ai conçues pour vous.

J'emprunte au docteur Martin Schiff, spécialiste du traitement de l'obésité, le titre d'un livre que vous écrirez en cours de route (mais oui, ne paniquez pas à cette idée... Je vous aiderai à rédiger ce bouquin fort intéressant). Ce livre s'appellera: *Moi*. En raison de son contenu personnalisé, il deviendra un outil individualisé, aussi secret qu'un journal personnel. Combiné avec le présent ouvrage, il répondra aux étapes suivantes de votre prise de conscience:

1. une profonde connaissance de soi dans toutes les sphères de votre vie;
2. le diagnostic de tous vos besoins;
3. la formulation des objectifs que vous déciderez de poursuivre;
4. l'élaboration du cheminement à suivre pour réaliser ces objectifs;
5. des moyens d'évaluation;
6. l'identification et la résolution des difficultés ou des problèmes que vous pourrez éprouver en chemin.

Le présent volume servira à évaluer de façon continue vos apprentissages. Il se veut une sorte de journal de bord qui relatera *vos* faits. Une fois que vous vous connaîtrez bien, après y avoir combiné votre livre *Moi*, le mettre à jour deviendra un jeu d'enfant. Vous poursuivrez sans relâche vos apprentissages en analysant vos nouvelles émotions, en choisissant vos réactions et en décelant vos nouveaux besoins que vous déciderez, ou non, de transformer en objectifs à atteindre.

Dès qu'on parle de se connaître, on se tourne immédiatement vers la psychologie, mais on oublie que l'être humain naît aussi avec un corps physique, et que corps et esprit sont indissociables la vie durant. Il s'avère aussi stupide de tenter de séparer le corps de l'esprit que d'imaginer un corps qui fonctionnerait sans tête.

Ne soyez donc pas surpris de trouver dans ce livre les éléments qui vous amèneront à vous découvrir aussi sur le plan physique.

Tout ce qui vous compose fait partie de vous et n'en ignorer qu'un élément pourrait fausser la réalité que vous cherchez: «Qui suis-je?»

Votre bilan de santé, votre poids et vos mensurations font partie de vous...

Quand vous aurez découvert ce que vous n'aimez pas de votre personne, de votre vie et de vos attitudes, vous éviterez de vous juger. Constatez, tout simplement. Quand on se juge, on a tendance à devenir subjectif et on déforme les faits. Si on constate, sans plus, on devient apte à agir en fonction de ce qu'on veut changer.

Rowe[1] (1975) a dit: «Pour plusieurs, les tests, la menace d'un échec et la mise à jour de besoins de perfectionnement représentent autant de sources d'anxiété. Ils choisiront alors de ne rien essayer.» Vrai, et c'est pourquoi j'ai choisi de concevoir ce livre de telle sorte qu'il soit pour vous un outil apaisant, à utiliser à votre rythme. À moins que vous ne vouliez en partager vos découvertes avec d'autres, personne d'autre que vous n'en connaîtra les résultats. Une bonne dose de confiance en vous, pourtant, favoriserait la discussion des trouvailles que vous y

---

1.   Théoricien sur les caractéristiques de l'apprenant adulte.

dénicherez. Vous pourriez les partager avec des proches ou des gens en qui vous avez entièrement confiance comme moyen de vérification de votre perception personnelle de vos besoins. Sachant combien l'adulte a besoin d'un *feed-back* presque immédiat, le partage avec d'autres pourrait répondre à ce besoin.

Si les conséquences d'une découverte sur soi peuvent se traduire par un sentiment de désorientation, la reconnaissance d'un besoin changé en objectif à atteindre apportera alors un réconfort apaisant.

Vous voudriez changer certains aspects de votre personne? Rappelez-vous que les transformations demandent habituellement plus de temps que les formations (se défaire d'une habitude versus en acquérir une nouvelle). Or la méthode de *fixation des objectifs* vous permettra d'atteindre rapidement les transformations souhaitées.

Les débats sur le pouvoir de «désapprendre» une mauvaise habitude sont loin d'être terminés... Loin, surtout, de faire l'unanimité des débattants. Je pense qu'il est impossible de «désapprendre» une habitude. Il est certain, cependant, que même si on conservait cette habitude en raison de son apprentissage, on *peut choisir de ne plus s'en servir*. Il s'agira donc de vous creuser un sillon de nouvelles et de bonnes habitudes qui deviendront celles que vous utiliserez à l'avenir pour jouir d'une qualité de vie longue et heureuse.

Ce livre comporte des grilles d'évaluation de vos antécédents pour que vous puissiez en trouver les lacunes; vous aurez alors diagnostiqué vos besoins d'amélioration.

Vous vous poserez les questions et saurez y répondre. Vous établirez le lien entre vos expériences passées et vos problèmes présents, mais la résolution de ces problèmes viendra de vous plutôt que de vous être imposée par d'autres. Les apprentissages qui résulteront de vos recherches auront une application immédiate, au lieu de s'étendre sur de longues périodes de temps. Cette prise en charge personnelle contribuera à réduire l'anxiété que l'incertitude a fait naître en vous. La clarification de vos besoins suscitera chez vous un profond sentiment de soulagement. Vous apprendrez à transformer ceux que vous voudrez en autant d'objectifs à atteindre. Ces apprentissages vous aideront à pouvoir réagir à des situations diverses, souvent contradictoires et porteuses de dilemmes et de paradoxes.

Sans aide externe, vous pourrez désormais cerner ce qui, chez vous, s'est développé par étapes, pour transformer les faiblesses vulnérables de votre passé en capacités créatrices.

Pour maintenir un certain équilibre personnel, en raison des perpétuels changements auxquels vous devez faire face, vous vous engagerez dans un processus d'apprentissage continu et changerez à la fois votre propre comportement et votre environnement là où il importera de le faire.

À ce jour, vous avez déjà fait l'acquisition de connaissances, de renseignements et de certaines théories dont vous vous servez quotidiennement. Vous avez appris à développer certaines habiletés et vous savez appliquer votre savoir à la réalité de la vie.

Se pourrait-il qu'il vous reste à découvrir vos attitudes envers votre propre personne et votre vraie manière d'être avec et envers les autres? Ne serait-ce pas là l'assimilation du fameux «Être ou ne pas être» shakespearien?

Socrate a dit: «Connais-toi toi-même» et Pindare a ajouté: «Deviens qui tu es.» Quels magnifiques objectifs! C'est pourtant ce que vous accomplirez si vous mettez en pratique tout ce que vous apprendrez de vous-même grâce à ce livre, avec les résultats additionnels suivants: vous diminuerez votre dépendance vis-à-vis des gens et des événements, et vous apprendrez à utiliser vos expériences passées pour augmenter votre capacité de choisir. Une fois que vous aurez trié vos besoins à transformer en objectifs, vous serez en mesure d'en évaluer les progrès et de solutionner les problèmes au fur et à mesure qu'ils surgiront.

Vous cesserez de jouer un rôle, de vous prendre pour un autre ou de tenter de le paraître. Les gens ne sont pas dupes. Ils savent instinctivement reconnaître les acteurs des personnes authentiques. Celle pour qui tout fonctionne bien ne joue pas de rôle; elle est «en charge». Rien ne la dérange ni la bouleverse. Elle affiche un calme assuré.

La seule manière d'être heureux, c'est de s'accomplir pleinement. Comment y parvenir, si on ne se connaît pas? Pour bien se connaître, encore faut-il découvrir ses besoins. Personne ne nous a enseigné à les établir parce qu'on ne savait pas comment le faire. Ce n'est pas dans les écoles et les universités qu'on enseigne cette science. Au travail comme aux études, les objectifs poursuivis sont ceux des autres. Au travail, ils servent à ceux qui les imposent. Pendant les études, certains objectifs pourront servir, mais pas tous, parce qu'on n'aura pas tenu compte des aptitudes personnelles de l'élève. Le ministère de l'Éducation a décrété quelles matières on devait apprendre. Point de diplôme si on ne se conforme pas. L'école ne devrait-elle pas inculquer des connaissances pratiques adaptées aux besoins de chacun?

Si, dans les écoles, les collèges et les universités, on aidait les étudiants à bien se connaître et à découvrir leurs besoins personnels à fixer en objectifs, en moins d'une génération, on améliorerait la face de n'importe quel pays. Les jeunes seraient moins désemparés qu'ils ne le sont aujourd'hui devant l'avenir, et le taux de suicide chez ceux-ci tomberait presque à zéro.

Cette recherche sur *vous* tiendra donc compte de tous les aspects de votre vie, tant physiques que psychologiques.

Le cerveau naît avec quelque 2000 fonctions automatiques régies par le subconscient, cette merveilleuse puissance infinie qui nous habite. Nous n'avons pas à penser à respirer, pas plus qu'à faire battre notre cœur. Nos reins filtrent notre sang et notre foie corrige nos excès de table. Il en va ainsi de toutes les fonctions de notre corps qui s'accomplissent sans que nous ayons à intervenir.

Nos autres fonctions, cependant, nous ont toutes été inculquées par nos proches et mises en place par nos expériences. On nous a appris nos peurs. On nous a montré à nous sentir coupables. Notre façon de nous alimenter fait suite à un long apprentissage. La bonne nouvelle, c'est que nous pouvons changer toutes ces fonctions apprises que nous ne désirons plus pour les remplacer par d'autres qui nous conviennent davantage.

Les causes de nos malaises proviennent de plusieurs sources: problèmes sérieux, pensées confuses, émotions troubles, solitude, ennui, sentiment d'imperfection, dépression, frustrations... Ce sont surtout les parasites que nous avons entre les oreilles qui nous rendent malades, négatifs, mornes, peureux et sans ambition.

Certains vivent en état de panique toute leur vie. Ils tentent par tous les moyens d'éviter tout ce qui leur est étranger et paralysent littéralement devant les problèmes du quotidien. D'autres sont constamment en guerre contre quelqu'un ou quelque chose. Ils en oublient le moment présent, ils oublient de vivre. Ces luttes convergent habituellement vers des réalisations futures. Le lutteur s'épuise en passant d'une corvée à l'autre. Il oublie de tout confier à son subconscient par l'imagination qui rend les réussites tellement plus faciles. Certains ratent tout ce qu'ils entreprennent. D'autres, encore, sont conformistes. Leurs parents et leurs éducateurs les ont *formés* pour qu'ils deviennent de bons citoyens, de bons travailleurs, de bons parents, conformistes à leur tour. Ils oublient leurs rêves et leurs désirs les plus personnels. Ils se résignent, parce que *c'est comme ça*!

Ce que ce livre vous offre n'a rien à voir avec la panique, la lutte ou le conformisme. Il vous invite à *être*, à réaliser l'atteinte de vos plus profonds désirs dans tous les domaines de votre vie.

Le hasard n'existe pas, dit-on. Si vous avez acheté ce livre, c'est que vous avez décidé de vous prendre en main. Persévérez, remplissez-en fidèlement les grilles, suivez-en religieusement les directives, et les résultats ne se feront pas attendre.

Vous êtes la personne la plus importante de votre vie... Devenez la personne la plus belle et la plus importante possible.

C'est Émile Coué, dès 1910, qui disait que chaque fois où on place sa volonté face à son imagination, cette dernière triomphe immanquablement. À compter de ce jour, finis les efforts de volonté! Vous apprendrez, ici, à utiliser ce merveilleux outil qu'est votre imagination pour atteindre des horizons inespérés et réaliser vos rêves les plus incroyables...

Chapitre 1

LE PHYSIQUE

Votre santé

On consulte un professionnel de la santé parce qu'on ressent une douleur ou un malaise. Les examens cliniques ne révèlent souvent rien d'anormal. On met cela sur le compte de la nervosité et on prescrit des tranquillisants et des psychotropes. Il n'en demeure pas moins qu'il y avait vraiment un malaise au départ. Le malaise et la douleur sont des symptômes dont on doit chercher les causes. Les tranquillisants soulagent le malaise et masquent les symptômes qui réapparaîtront bientôt sous une forme plus sévère.

En remplissant avec soin le questionnaire qui suit, vous tâcherez, à l'aide de votre livre *Moi*, de découvrir les circonstances occultes qui ont présidé à vos malaises ou à vos maladies.

Ce questionnaire scrute les points suivants:

- vos antécédents médicaux;
- vos maladies, de l'enfance jusqu'à ce jour;
- les hospitalisations, les interventions chirurgicales, les traitements;
- vos états dépressifs, passés et présents;
- les médicaments, les vitamines et les minéraux que vous prenez, leur pourquoi et leur fréquence.

Ces renseignements pourraient servir à mieux éclairer votre professionnel de la santé.

VOS ANTÉCÉDENTS MÉDICAUX

Général

Taille: _____ Poids: _____ Poids idéal: _____

Tension artérielle: _____ sur _____
Nombre de pulsations par minute: _____

Avez-vous des maladies ou des malaises présentement? Si oui, quelles en sont les origines (facteurs déclenchants)?

Médication actuelle

Médicaments prescrits: _____

Médicaments sans ordonnance: _____

Contraceptifs

    Comprimés: _____ Timbres (*patchs*): _____ Gel: _____

Vitamines, minéraux et autres suppléments: _____

Hérédité

Père, mère, grands-parents, oncles, tantes, frères ou sœurs ont-ils souffert ou souffrent-ils de... (cochez)

Obésité	_____	Hypertension artérielle (haute pression)	_____
Diabète	_____	Maladies cardiaques, angine, infarctus	_____
Asthme	_____	Taux élevés de cholestérol ou de triglycérides	_____
Allergies	_____	Paralysie ou accidents vasculaires cérébraux	_____
Cancer	_____	Goitre ou hyperthyroïdie	_____
Varices	_____	Problèmes hormonaux ou glandulaires	_____

Antécédents personnels: Souffrez-vous ou avez-vous souffert de... (cochez):

Coqueluche	_____	Scarlatine	_____	Varicelle	_____
Rougeole	_____	Rubéole	_____	Anémie	_____
Rhumes fréquents	_____	Eczéma	_____		
Bourdonnements d'oreilles	_____	Sinusite	_____	Acné	_____
Amygdalite	_____	Psoriasis	_____	Vertiges	_____
Otites	_____	Épilepsie	_____	Arthrite	_____
Cancer	_____	Goutte	_____	Rhumatismes	_____
Cystite	_____	Phlébite	_____		
Troubles à la colonne vertébrale	_____	Démangeaisons	_____	Hernie	_____
		Frigidité	_____	Mononucléose	_____
Tendinite	_____	Impuissance	_____	Parkinson	_____
Asthme	_____	Diabète	_____	Prostatite	_____
Angine de poitrine	_____	Hypoglycémie	_____	Sclérose	_____
Artériosclérose	_____	Cholestérol élevé	_____	Ténia (ver)	_____
Haute tension artérielle	_____	Triglycérides élevés	_____	Jaunisse	_____
Basse tension artérielle	_____	Dyspepsie nerveuse	_____	Infection rénale	_____
Infarctus	_____	Dépression nerveuse	_____	Pancréatite	_____
Hémorroïdes	_____	Bronchite	_____	Gastrite	_____
Grippes fréquentes	_____	Indigestions	_____	Pneumonie	_____
Maladies vénériennes	_____				

Maux de: tête _____ gorge _____ ventre _____ autres _____

Allergies: _____ lesquelles: _____

23

Hospitalisations

Cause: _____ Date: _____ Hôpital: _____

Cause: _____ Date: _____ Hôpital: _____

Cause: _____ Date: _____ Hôpital: _____

Cause: _____ Date: _____ Hôpital: _____

Cause: _____ Date: _____ Hôpital: _____

Fonctions intestinales

Fréquence des selles: _____ Avec médicaments: _____

Constipation: _____ Diarrhée: _____ Gaz: _____ Depuis quand? _____

Couleur des selles: pâles: _____ normales: _____ foncées: _____

Présence de sang: _____ rouge: _____ noir: _____

Fonctions rénales et génito-urinaires

Fatigue matinale: _____ engourdissements: _____

Enflures: des mains: _____ des chevilles: _____ des pieds: _____ des yeux: _____

Cernes sous les yeux: _____

Sang dans les urines: _____ Brûlures en urinant: _____ Difficulté à uriner: _____

Urines fréquentes en petites quantités: _____ Urines fréquentes, la nuit: _____

Pertes d'urine à l'effort: _____ Calculs rénaux: _____

Relations sexuelles douloureuses: _____ Insatisfaisantes: _____

Gynécologie et seins

Menstruations régulières: oui: _____ non: _____ durée du cycle: _____

Gonflement prémenstruel: _____

Nombre d'accouchements: _____ de fausses couches: _____

Ménopausée: oui: _____ non: _____ Depuis quand? _____

Chaleurs: oui: _____ non: _____ Maux de reins: _____

Seins: Masses: _____ Écoulements: _____

Fonctions hépatiques

Calculs biliaires: _____ Excès de bile: _____ Cirrhose: _____ Hépatite: _____

Vomissements: _____ Nausées: _____ Points dans le dos: _____

Vue trouble, points noirs: _____

Digestion

Digestion lente: _____ Gaz d'estomac: _____ Ballonnements: _____

Ulcères: _____

Brûlures: _____ Vomissements: _____ Vomissements de sang: _____

Nausées: _____ Régurgitations: _____ Mauvaise haleine: _____

Hernie hiatale: _____

Système cardiovasculaire

Douleurs à la poitrine: _____ Essoufflements indus: _____

Engourdissements: _____

Palpitations: _____ Extrémités froides: _____ Hémorroïdes: _____

Cellulite: _____

Ecchymoses faciles: _____

Enflure: des mains: _____ des pieds: _____ Varices: _____

Frilosité: _____

Fonctions respiratoires

Asthme: _____ Emphysème: _____ Toux fréquentes: _____

Crachats de sang: _____ Râles ou sifflements: _____

Diabète

Soif fréquente: _____ Urines fréquentes: _____ Surcroît d'appétit: _____

Irritabilité: _____ Perte subite de poids: _____ Fatigue: _____ Nausées: _____

Vomissements: _____ Vision brouillée: _____ Infections de la peau: _____

Impotence: _____ Vaginites: _____

Hypoglycémie

Maux de tête: _____ Fatigue soudaine: _____ Faiblesse: _____ Peau moite: _____

Tremblements: _____ Sueurs froides: _____ Sueurs nocturnes: _____

Bouche sèche: _____ Irritabilité: _____ Anxiété: _____

Trous de mémoire: _____ Difficulté de concentration: _____

Comportement problématique: _____ Peurs irraisonnées: _____

Déprimes fréquentes: _____ Paniques: _____ Envie soudaine de pleurer: _____

Baisse de l'appétit sexuel: _____ Insomnie: _____ Épuisement: _____

Vertiges: _____ Douleurs à l'estomac: _____ Réveil lourd: _____

Gain de poids rapide: _____ Appétit soudain: _____ Désordres digestifs: _____
Diarrhée: _____
Rhume allergique: _____ Sinusite: _____ Eczéma: _____
Urticaire: _____ Œdème: _____ Envie soudaine de dormir après les
repas: _____ Impatiences aux jambes quand alité: _____
Bâillements fréquents: _____ Extrémités froides: _____
Sautillements de paupières: _____

Glande thyroïde

Peau sèche: _____ Chute des cheveux: _____ Frilosité: _____
Modification de la voix: _____ Perte de poids: _____ Tremblements: _____

Système nerveux

Migraine: _____ Insomnie: _____ Cauchemars: _____ Nervosité: _____
Fatigue: _____ Dépression: _____ Épuisement: _____ Vertiges: _____
Vision trouble: _____ Bourdonnements d'oreilles: _____
Pertes de conscience: _____

Habitudes

Tabac: non: _____ oui: _____ Depuis quand? _____
Quantité quotidienne: _____
Avez-vous déjà fumé? oui: _____ non: _____ Si cessé, depuis quand? _____
Sommeil: _____ agité: _____ Insomnie: _____ Heures de sommeil: _____
Indiquez les quantités: Bière/semaine: _____
Autres boissons alcoolisées /semaine: _____ Vin/semaine: _____
Boissons gazeuses: _____ Déca: _____ Café: _____ Thé: _____
Tisanes: _____ Jus: _____ Eau: _____
Produits à base: de sucre raffiné (blanc) _____ de farine raffinée
(blanche): _____

Condition physique

Travail: _____ Nombre de jours/semaine: _____ Nombre d'heures/semaine: _____
Effort physique au travail: léger: _____ modéré: _____ important: _____
Effort physique pendant les loisirs: léger: _____ modéré: _____ important: _____
Satisfaction de votre forme physique: peu: __ moyen: __ beaucoup   très: __

À votre prochaine visite chez votre professionnel de la santé, montrez-lui ce relevé. Il pourra y trouver de précieuses indications susceptibles de vous aider.

Les radicaux libres

Je m'intéresse aux problèmes de la santé depuis plusieurs années. J'ai lu quantité d'articles et de livres sur le sujet. Un dépliant sur la santé a récemment retenu mon attention. Il provient du docteur Robert D. Willix Jr., spécialiste en chirurgie thoracique et cardiovasculaire.

Ce médecin remisa son scalpel quand il s'aperçut qu'il n'aidait pas vraiment ses patients. Après avoir exécuté au-delà de 2000 pontages vasculaires, il remarqua que ses patients revenaient au bloc opératoire de trois à cinq ans après leur première opération. On était en 1977. À ses patients qui souffraient de douleurs aux jambes à cause d'artères obstruées, il suggérait d'abandonner la cigarette et de faire de légers exercices physiques. Si la douleur persistait après un an, il opérerait. Sur quelque 100 patients à qui il recommanda ce simple conseil, aucun n'eut recours à la chirurgie au bout de l'année.

Ayant à opérer un homme de 72 ans pour un triple pontage, il s'aperçut que celui-ci requérait un quintuple pontage. Ses artères étaient durcies au point où il s'avéra impossible de pratiquer l'intervention. Après six mois d'exercices physiques légers et d'une saine alimentation, ce patient cultivait de nouveau sa ferme et ne ressentait plus de douleurs thoraciques. Dix ans plus tard, sans médicaments, il travaillait toujours à sa ferme, à temps partiel maintenant, et marchait 7 km par jour.

Le docteur Willix raconte que les hommes de science ont découvert qu'il n'y a qu'*une* cause responsable au vieillissement prématuré, au cancer, aux maladies coronariennes, à l'arthrite, possiblement aux allergies et à une foule d'autres maladies. Quelle est-elle? L'oxygène, qui devient dangereux lorsqu'il est combiné avec un radical libre. Les radicaux libres s'attaquent à tout. Ils couvrent certains métaux de rouille. Ils teintent de brun la partie de la pomme croquée parce qu'elle est exposée à l'oxygène. Ils abîment notre corps, sur lequel apparaît une peau sèche, des rides et des taches brunes. Quand le processus s'enclenche vraiment, c'est le cancer ou l'artériosclérose.

Les *anciennes maladies* telles que le rhume, la typhoïde, la tuberculose, la rougeole, etc., proviennent de bactéries ou de virus. Depuis Pasteur, il subsiste bien peu de ces maladies et elles ne sont plus mortelles.

Contrairement à un virus ou à une bactérie, un radical libre n'est pas un être vivant. C'est une molécule qui contient un atome d'oxygène auquel il manque un électron. Il n'arrête de dévorer ses voisins que lorsqu'il arrive à remplacer cet électron manquant. Des milliards de ces molécules s'attaquent sans relâche aux cellules saines de votre corps. La radiation, le stress, la cigarette et la pollution, entre autres, créent des radicaux libres exterminateurs. La bonne nouvelle? Maintenant qu'on les connaît, on peut les combattre.

Si les germes ne sont plus responsables des décès aujourd'hui, nous sommes victimes d'allergies, de migraines, d'arthrite et de fatigue chronique. Malgré l'attirail sophistiqué du monde médical, on en sait encore fort peu sur les causes précises de ces malaises et des maladies graves contemporaines. On les qualifie de maladies de comportement parce qu'elles sont causées par un mode de vie déficient: mauvaise alimentation, toxines et pollution, manque d'exercice et ennui.

Les antioxydants

Les antioxydants neutralisent facilement les radicaux libres. Le corps produit des antioxydants puisés à même son alimentation, mais jamais en quantité suffisante pour neutraliser suffisamment de radicaux libres. Ces antioxydants sont donc offerts sous forme de suppléments.

Le docteur Willix et plusieurs auteurs suggèrent les doses quotidiennes suivantes:

- Vitamine E: 400 à 600 U.I. (Si vous souffrez d'hypertension artérielle, parlez-en à votre médecin qui devrait vous recommander de commencer par prendre 100 unités par jour, en augmentant de 100 unités par semaine, jusqu'à l'atteinte de la dose choisie.);

- Vitamine C: 500 à 1 000 mg (Évitez de la prendre le soir, car elle pourrait vous surexciter.);

- Bêta-carotène: de 20 000 à 30 000 U.I. (Se transforme en vitamine A, au besoin, sans comporter les risques inhérents à la vitamine A.);

- Sélénium: 50 mg.

Liposoluble, la vitamine E est emmagasinée dans le foie. Il n'y aurait aucun effet secondaire lorsqu'elle est prise selon les quantités mentionnées ici. Les surplus de bêta-carotène et de vitamine C, hydrosolubles, s'éliminent dans les selles et l'urine. On ne connaîtrait pas, à ce jour, d'effets secondaires au sélénium.

Se rappeler que ces vitamines et minéral recommandés sont des suppléments alimentaires (qu'on achètera de préférence en capsules pour mieux les digérer) et non des médicaments. On ne paniquera donc pas devant la quantité de capsules ou de comprimés à prendre. Certains fabricants ont même eu la géniale idée de tout incorporer en une seule capsule.

Les biochimistes Durk Pearson et Sandy Shaw proposent cet exemple: supposons que les radicaux libres détruisent un de nos systèmes de support vital à raison de 10 % par année, le corps humain ne pourrait en réparer que 9 %. Nous serions donc en déficit de 1 %. Supposons, maintenant, que les antioxydants puissent réparer ce 1 % des systèmes endommagés: le vieillissement de ces systèmes cessera donc. Présumons maintenant qu'en prenant les suppléments prescrits et qu'en éliminant quelques mauvaises habitudes, notre corps puisse alors corriger plus de 10 %, peut-être 11 % des dommages... Nous y gagnerions 1 % par année, ce qui se traduirait par un renversement du processus de vieillissement. Qu'en pensez-vous?

Essayez de chauffer votre fournaise au mazout avec du gaz propane... Boum! C'en est fait de votre fournaise... et sans doute de votre maison. Il en est ainsi de votre corps et de votre esprit. Gavez-les en trop grandes quantités de sucre et de farine raffinés, de gras, de sel et d'autres aliments qui en contiennent et ils cesseront un jour ou l'autre de fonctionner comme ils le devraient.

Vous êtes jeune et en santé? Parfait! Votre alimentation présente vous conservera ou détruira cette santé. Une bonne alimentation alliée aux antioxydants mentionnés précédemment vous aidera à placer toutes les chances de votre côté.

La luminothérapie

La luminothérapie pourrait, de prime abord, ne pas sembler pertinente au sujet traité dans ce livre. Tenant compte, cependant, qu'environ 25 % de la population nord-américaine souffre de *désordres affectifs saisonniers* et qu'un traitement par exposition à une lumière thérapeutique fait se résorber, je crois qu'il devient important d'aborder le sujet.

Ce malaise en empêche plusieurs de fonctionner normalement, pour ne pas dire du tout, pendant les mois où la lumière du soleil se fait plus rare, habituellement d'octobre à mai.

J'ai moi-même, pendant longtemps, souffert de ce syndrome. Les nombreux examens ne révélaient rien d'anormal et on invoquait la nervosité. Je remarquais pourtant que ces symptômes disparaissaient au printemps pour ne revenir qu'à l'automne. J'en étais rendu à détester souverainement l'hiver.

C'est en regardant une émission télévisée au cours de laquelle un psychiatre aborda le sujet que je reconnus les symptômes énumérés et décidai d'entrer en communication avec lui. Au bout d'un très bref interrogatoire sur mes symptômes, celui-ci dépista facilement que je souffrais du *désordre affectif saisonnier* (DAS) et me recommanda l'achat immédiat d'une lampe thérapeutique. Trois jours plus tard, mes symptômes avaient disparu. L'exposition quotidienne à ce genre de lumière a définitivement réglé mon problème.

Qui souffre de ces symptômes? Nous vivons tous plus ou moins ces «bleus» de l'hiver. Plusieurs en sont plus affectés que d'autres. On se sent abattu, sans énergie. On développe un besoin accru de nourriture, on prend du poids. Les levers quotidiens sont difficiles en ces sombres et trop courts jours de l'hiver.

Ceux qui souffrent du DAS éprouvent les symptômes décrits précédemment et d'autres à un degré tel qu'ils se sentent incapables de fonctionner normalement. Ils deviennent dépressifs et souffrent de fatigue chronique. Certains, s'ils le pouvaient, se retireraient du monde pour éviter tout contact social. Ils pourraient dormir et dormir.

Chez les femmes, on rapporte souvent des symptômes prémenstruels plus marqués.

On n'éprouve pas nécessairement tous ces symptômes. On pourrait tout aussi bien souffrir d'insomnie que d'un besoin accru de sommeil...

Des études ont démontré qu'un nombre important de personnes souffrent des «bleus» de l'hiver, un niveau moins intense du DAS qui ne présente pas de gravité clinique. Celles-ci, toutefois, vivent le retour de ces désordres affectifs saisonniers dès l'arrivée des jours plus courts et en ressentent les effets même si elles continuent de fonctionner normalement.

Vingt-cinq pour cent des habitants du centre et de l'est du Canada et du centre-nord-est des États-Unis éprouvent ces symptômes.

S'exposer à une lumière intense dans des conditions déterminées diminuera de beaucoup ou fera complètement disparaître les symptômes. La luminothérapie recommandée se fait au moyen de lumières fluorescentes diffusées derrière un écran protecteur. On place cette lampe sur une table devant laquelle on peut facilement prendre place pour la session de traitement. Il s'agit de s'asseoir tout près (environ 50 cm), face à cette lampe, les yeux ouverts. Il n'est ni nécessaire ni recommandé de regarder cette lumière. On peut profiter de chaque séance pour lire, écrire ou encore manger. Cette sorte de lampe ne crée pas d'effet de bronzage.

Une session devrait durer environ 30 minutes. Certains, cependant, pourraient étendre cette session de 15 minutes à 3 heures, une ou deux fois par jour, selon leurs besoins et l'équipement utilisé. L'intensité de lumière dispensée influence la durée du traitement.

Il importe plus que tout que la densité et le niveau de lumière produits correspondent à ceux de la lumière du jour au lever et au coucher du soleil (10 000 lux).

L'heure où l'on prend le traitement constitue un autre facteur important. Pour certains, il est plus efficace de s'exposer à la lumière dès le lever du jour. D'autres y trouveront leur profit au coucher du soleil. L'expérience guidera chacun.

Ceux qui travaillent dans un endroit sombre et sans fenêtre pourraient trouver une possible amélioration en s'exposant à un simple éclairage intérieur, mais il n'en va pas de même si vous souffrez du DAS. Vous devrez vous exposer à une lumière plus intense. D'autres pourront ressentir une certaine amélioration en s'exposant au soleil. Pour plusieurs, cependant, il leur faut s'exposer à cette intense lumière artificielle tôt le matin alors que la lumière du jour n'est pas encore levée (6 h 30, par exemple).

Une amélioration marquée se fait habituellement sentir en deçà de quatre à cinq jours, sinon plus tôt. Il faut donc poursuivre un horaire quotidien continu qui commence à l'automne ou au début de l'hiver, selon les besoins de chacun. Certains peuvent se permettre de sauter quelques jours de traitement sans problèmes, mais pour la plupart, les symptômes reviennent dès que cessent les sessions.

Comment la lumière agit-elle? Même si le principe d'action est encore mal connu, on sait que la luminothérapie agit sur le plan physiologique. Un taux élevé dans le sang d'une hormone photosensible, la mélatonine, qui augmente pendant la nuit et les heures sombres de la journée, s'abaisse rapidement pour faire place à la sérotonine quand le sujet est exposé à une lumière intense. Selon l'heure où une lumière vive se présente à «l'horloge interne» du corps humain (c'est elle qui contrôle les rythmes quotidiens de la température du corps et le cycle du sommeil), cette horloge devance ou retarde son cycle. Les recherches sur ce mécanisme se poursuivent... On n'en connaît pas encore toutes les réponses. On sait déjà que c'est par les yeux que s'absorbe cette lumière.

Des effets secondaires? Minimes, s'il y en a. Peut-être des yeux un peu rougis ou irrités, qu'un léger éloignement de la source lumineuse corrigera. Un humidificateur aiderait sûrement. Nauséeux? Très peu le sont et la sensation passe rapidement dès qu'on s'habitue à la lumière intense. Peu fréquemment pourrait-on passer d'un état presque léthargique à un état d'extrême agitation. On écourtera alors le temps d'exposition.

Si on prend déjà des antidépresseurs, on n'en changera pas la posologie immédiatement. La luminothérapie apportera sans doute une amélioration rapide, on pourra alors, sous surveillance, diminuer sinon éliminer les antidépresseurs. Certains ressentiront une meilleure efficacité en combinant les deux formes de traitement. Des médicaments antidépresseurs étant «photosensitifs» (c'est-à-dire qu'ils agissent sur l'effet de la lumière par la rétine de l'œil), on consultera le pharmacien pour s'en assurer.

Jusqu'à ce jour, il n'y a aucun effet secondaire à l'examen ophtalmologique des victimes du DAS traitées par la luminothérapie. S'il existait au préalable certaines maladies des yeux telles qu'une rétinopathie ou un décollement de la rétine, on déconseillerait alors un tel traitement. D'autres maladies de l'œil comme le glaucome, les cataractes ou encore une prédisposition au diabète amènent une supervision ophtalmologique.

Depuis quand ce traitement existe-t-il? La première démonstration d'un effet clinique remonte au début des années 1980. Immédiatement après, plusieurs centres de recherche se sont penchés sur le phénomène. Cette méthode est utilisée dorénavant en pratique privée, souvent par des psychiatres, mais aussi par des omnipraticiens et des psychologues.

On évitera la *fabrication maison* d'une telle lampe parce qu'on doit calibrer les données nécessaires à l'effet thérapeutique désiré. Les appareils offerts doivent satisfaire tous les critères de confort visuel, de l'intensité requise, de la compatibilité des composantes, d'une transmission de lumière maximale sans développer de chaleur et, le plus important, ils doivent subir avec succès les tests cliniques d'efficacité.

Les premiers appareils utilisés coûtaient jusqu'à 4000 $. La firme québécoise Les Technologies Northern Light fabrique et vend des appareils tout aussi efficaces à un peu moins de 200 $. On peut se les procurer directement du manufacturier au 8971, boul. Henri-Bourassa, St-Laurent (Québec) H4S 1P7, ou en téléphonant au (514) 335-1763 ou, sans frais, au 1 800 263-0066. Le service Internet se situe au: *www.northernlight-tech.com* ou au *www.alpha-lite.com*.

L'alimentation

Quand donc les professeurs en médecine enseigneront-ils de façon exhaustive à leur élèves les effets de l'alimentation sur la santé? Jusqu'à récemment, on effleurait le sujet au passage. Le futur médecin n'avait passé que quelques heures de toutes ses études médicales à parfaire ses connaissances sur les effets de l'alimentation. L'humain mange pourtant habituellement trois fois par jour... Heureusement, de plus en plus de médecins s'intéressent dorénavant à l'alimentation.

Sucres et farine raffinés

Ce qu'on mange et ce qu'on boit agit d'une manière ou d'une autre sur le corps humain. Or de multiples études ont prouvé que l'alimentation agit aussi sur le plan psychique. L'alcool en est un exemple flagrant. Combien de personnes gênées et timides perdent toute inhibition après avoir absorbé quelques verres? On a modifié l'alimentation de certains criminels violents. Ils sont devenus doux comme des agneaux. Les enfants gavés de sucre présentent très souvent des problèmes de comportement, de surexcitation, de manque de concentration aux études. On prescrit du Ritalin pour régler le problème alors qu'il ne suffirait souvent que de changer les aliments coupables pour que ces enfants redeviennent calmes et retrouvent leur concentration.

Il existe d'excellents livres sur ces sujets. Parmi ceux-ci, retenez *Le mal du sucre* de Danièle Starenkyj et *Sweet and Dangerous* du docteur John Yudkin.

On prendra son énergie dans le fructose et le lactose, c'est-à-dire dans les fruits, les légumes, les produits laitiers et les céréales. Ces aliments contiennent des vitamines et des minéraux essentiels à la santé.

Nous devrions bannir à jamais le sucre blanc et la farine blanche de notre alimentation parce qu'ils sont responsables d'une foule de maladies et de malaises. Raffinés, non seulement ces aliments n'apportent-ils aucune valeur nutritive, mais encore vont-ils puiser dans les vitamines et les minéraux de notre corps pour se métaboliser, se changer en énergie. Si le sucre est capable de faire carier les dents, imaginons ce qu'il peut faire au reste de l'organisme...

Ces deux substances tuent des millions de personnes par année. Bien sûr, l'acte de décès ne le mentionne pas. On parle plutôt de diabète, d'infarctus, d'accidents cardiovasculaires, de troubles rénaux et de toute autre cause de décès.

Des dizaines et des dizaines d'auteurs se sont prononcés sur la question. L'un rapporte même que Napoléon aurait perdu la bataille de Waterloo à cause du sucre. On venait de découvrir le procédé de raffinement du sucre à partir de la betterave à sucre. Avant cette trouvaille, le sucre blanc était tellement rare et cher qu'on ne le trouvait que sur la table des riches. Cette découverte permit donc à Napoléon de gâter ses hommes en leur servant de grosses rations de sucre... juste avant la défaite de Waterloo.

Ces substances apportent une énergie immédiate qui ne dure pas parce qu'elle en produit plus qu'on peut en brûler. Le surplus se dépose en gras un peu partout dans l'organisme. On est jeune, en santé, il se peut que rien n'y paraisse pour l'instant, mais tôt ou tard, on paiera la note.

Une demi-heure après en avoir consommé, plusieurs se trouvent en état de somnolence, sans énergie. On parle alors d'hypoglycémie. On ressent une douleur imprécise au dos, à un bras, à une jambe? En cessant alors la consommation de ces deux substances, la douleur disparaîtra en peu de temps à moins, bien sûr, qu'une autre cause en soit responsable.

À l'épicerie, on surveillera la composition de ce qu'on achète. On lira les étiquettes. On n'arrive même pas à soupçonner le nombre de produits qui cachent du sucre et de la farine blanchis. À bannir de son existence!

Les entreprises commencent à peine à fabriquer des denrées sans ces produits parce que, heureusement, de plus en plus les gens deviennent conscients que le maintien de leur santé commence dans l'assiette.

Le sucre et la farine blanchis sont la cause directe de l'obésité, qui est elle-même la source de plusieurs maladies qui diminuent la qualité de vie et conduisent à une mort prématurée.

Pour arriver à bannir ces aliments complètement, cochez ceux que vous consommez qui contiennent du sucre et de la farine raffinés.

Confitures _____	Crème glacée _____	Fruits secs _____	
Confiseries _____	Chocolat _____	Fudge _____	
Sucre à la crème _____	Yogourt sucré _____	Jus sucrés _____	
Boissons gazeuses[1] _____	Gâteaux _____	Tartes _____	
Biscuits _____	Céréales sucrées[2] _____	Fruits de sirop _____	
Pain blanc _____	Crêpes _____	Pâtes alimentaires[3] _____	
Épaississeur de soupe _____	Épaississeur à sauce _____	Beignets _____	
Gaufres _____	Autres pâtisseries _____	Marmelades _____	
Huile à frire _____			

Autres: _____

---

1.   Autres que diètes.
2.   Toute céréale contenant plus de 10 % de sucre.
3.   Il en existe faites de blé entier et d'autres substances non raffinées.

Perdre du poids

Votre poids fait partie de vous. S'il est normal, il n'y a pas de problème. Si, cependant, vous souffrez d'embonpoint, à moins que ce ne soit physiologique – rare, soit dit en passant –, il se peut fort bien que cet excès de poids provienne d'un déséquilibre psychique.

Perdre du poids peut se faire relativement facilement, mais comment conserver cette nouvelle ligne? Ceci deviendra possible si vous changez votre style de vie, c'est-à-dire votre manière de vous alimenter et, surtout, votre façon de penser pour cesser de *manger vos émotions*.

Voici ce que le docteur Martin Schiff suggère pour changer votre alimentation: cultiver des *béguins*. Vous connaissez sans doute l'expression *éprouver le béguin pour quelqu'un*, c'est-à-dire en devenir amoureux. Vous compterez ici les *béguins* en fonction de l'appréciation. Pour arriver à remplacer les aliments engraissants par d'autres, *il vous faudra en choisir qui soient aussi bons, sinon meilleurs, que ceux que vous consommez déjà*. Vous les évaluerez de zéro à cinq: zéro *béguin* pour un aliment que vous n'aimez pas, cinq *béguins* pour un aliment préféré. En leur attribuant des *béguins*, vous pourrez facilement choisir vos aliments de remplacement parmi ceux que vous préférez. Si vous tentez de remplacer ce que vous aimez par ce que vous aimeriez moins, ce serait raté! Il en va d'ailleurs ainsi dans toutes les sphères de votre vie. Si vous décidez de cesser d'utiliser une habitude qui vous nuit, mais que vous aimez, il vous faudra vous en créer une nouvelle qui vous apportera autant, sinon plus de plaisir et de satisfaction que celle que vous voulez délaisser.

Dans la prochaine grille intitulée *Vos aliments amincissants préférés*, vous puiserez ceux que vous préférez en y attribuant votre cote de *béguins*. J'inclus aussi une suggestion de recettes pour 10 journées consécutives. Vous vous y alimenterez à satiété de bons et riches aliments, sans compter les calories, en prenant plusieurs repas pour vous éviter d'avoir faim.

Il existe, bien sûr, une multitude de régimes plus sévères les uns que les autres, mais celui-ci est basé sur une consommation accrue d'aliments protéinés (plusieurs médecins prescrivent les protéines prédigérées) qui a fait ses preuves par des pertes de poids spectaculaires. Les régimes aux protéines requièrent cependant la consommation d'un minimum de *huit verres d'eau par jour* pour briser l'effet nocif des acides créés par l'ingestion de ce surplus de protéines.

Selon la méthode enseignée ici, on ne retranche rien, on remplace les aliments engraissants par d'autres aliments qu'on connaît et qu'on aime déjà.

Aucun des aliments suggérés ne contient de sucre ou de farine raffinés. Les viandes suggérées sont maigres. On remplace le sel de table par le sel de mer. Le sel de table est responsable d'une foule de malaises dont l'hypertension artérielle et l'obésité, à cause de la rétention d'eau, ne sont pas les moindres. Profitez-en pour découvrir le savoureux monde des épices et des fines herbes.

Faites des gestes concrets : lisez les étiquettes. Dépistez les aliments qui contiennent du sucre et de la farine raffinés. Jetez-les! Éliminez les gras et le sel. Vous ne vous en porterez que mieux. Vous serez surpris de voir disparaître vos petits bobos imprécis : douleur aux articulations, points au dos, lourdeur, fatigue matinale... Votre qualité de sommeil s'améliorera. Vous vous sentirez plus jeune et plus actif parce que vous aurez débarrassé votre corps de ses déchets toxiques. Vous apprendrez à penser pour vous et à vous défaire de l'excédent de poids.

Grâce à la méthode suggérée, vous pourrez alors plus facilement ignorer vos mauvaises habitudes alimentaires apprises jusqu'ici et espérer conserver votre nouvelle ligne en acquérant de nouvelles habitudes plus saines. C'est en transformant votre façon d'être que vous réussirez à changer votre mode d'alimentation.

Vos aliments amincissants préférés

Cochez les aliments que vous aimez dans leurs colonnes respectives. Évaluez vos *béguins* de zéro à cinq pour découvrir ceux que vous préférez.

Sur une échelle de 0 à 5 : 0 = aucun béguin; 5 = super béguin.

Pour les viandes, vous devez éviter les coupes dont les cellules sont marquées d'un X.

VIANDES	BŒUF	BÉGUINS	VEAU	BÉGUINS	PORC	BÉGUINS	AGNEAU	BÉGUINS
Bifteck					X	X	X	X
Rôti de côtes					X	X		
Côtelettes	X	X						
Viande hachée					X	X		
Cervelle					X	X		
Pancréas					X	X		
Foie					X	X		
Pattes	X	X	X	X	X	X		
Jambon	X	X	X	X			X	X
Saucisse					X	X		
Rognons					X	X		

Dans tous les cas, il FAUT enlever le gras des viandes. Évitez de les cuire au beurre. Comme il est impossible d'enlever le gras du porc, on n'en mangera que les côtelettes très bien cuites. Ne mangez que du jambon ultra maigre.

VOLAILLES	POULET	BÉGUINS	DINDON	BÉGUINS	PIGEONNEAU	BÉGUINS	FAISAN	BÉGUINS
POITRINE								
CUISSES								
PATTES								
COU								
AILES								

On enlèvera la peau, qui est beaucoup trop grasse. La viande blanche est plus maigre que la viande foncée. Évitez à tout prix le canard et l'oie qui sont beaucoup trop gras.

Cochez vos aliments préférés sous A et cotez, sous B, vos béguins de 0 à 5.

POISSONS ET FRUITS DE MER								
	A	B		A	B		A	B
AIGLEFIN			MORUE			CRABE		
ALOSE			PERCHAUDE			CREVETTES		
DORÉ			PERCHE			ESCARGOTS		
ÉPERLAN			SAUMON			HOMARD		
ESTURGEON			SOLE			HUÎTRE		
MAQUEREAU			THON			MOULES		
MERLAN			TRUITE			PÉTONCLES		
MÉROU								

Achetez-les frais ou surgelés. Évitez les poissons et les fruits de mer fumés, marinés, salés, panés et en pâté.

ŒUFS	A	B

L'œuf, sous toutes ses formes, doit être cuit sans beurre ni huile. Utilisez une poêle antiadhésive ou faites cuire à l'aide de produits antiadhésifs. Attention au jaune qui contient passablement de cholestérol; le blanc contient les protéines recherchées.

FROMAGES								
	A	B		A	B		A	B
CHEDDAR			GRUYÈRE			RICOTTA		
COTTAGE			MOZZARELLA					
ÉDAM			PARMESAN					
GOUDA			PHILADELPHIA					

Les fromages cheddar, cottage, mozzarella et Philadelphia sont maintenant offerts en version *léger*, qui contiennent moins de 20 % de gras. Consommez les autres fromages de la liste avec modération. Scrutez les étiquettes pour éviter les fromages gras.

LÉGUMES								
	A	B		A	B		A	B
ASPERGE			ÉCHALOTE			POMME DE TERRE		
BROCOLI			ENDIVE			RADIS		
CAROTTE			LAITUE			RHUBARBE		
CÉLERI			MAÏS			TOMATE		
CHAMPIGNON			NAVET			ZUCCHINI		
CHOU			OIGNON					
CHOU-FLEUR			PIMENT					
CONCOMBRE			PISSENLIT					
CRESSON			POIREAU					

Les légumes feuillus qui poussent hors terre sont les meilleurs. Toutes les sortes de laitues peuvent être accompagnées de vos légumes crus préférés. Évitez les vinaigrettes sucrées ou grasses; n'utilisez que de la mayonnaise légère.

Graisses et huiles

Huile végétale
Beurre sans sel
Margarine sans sel

Pains, céréales

Choisissez entre les suivants: orge, son, blé entier, gluten, seigle, flocons d'avoine, millet, orge, maïs.

FRUITS								
	A	B		A	B		A	B
CANTALOUP			MELON D'EAU			POIRE		
CERISE			MELON DE MIEL			POMME		
FRAISE			MÛRE			PRUNE		
FRAMBOISE			PAMPLEMOUSSE			RAISIN		
GROSEILLE			PÊCHE					

Ne prenez qu'une portion de fruits par jour à cause de leur haute teneur en hydrates de carbone. Ne mangez que des fruits frais, de préférence. Attention aux fruits surgelés qui peuvent contenir du sucre raffiné pour la conservation! Pour les fruits en conserve, choisissez ceux qui contiennent leur jus naturel et évitez ceux qui trempent dans un sirop.

Les desserts

Ne mangez que des desserts non sucrés ou avec un succédané du sucre, y inclus la crème fouettée sans sucre.

BOISSONS								
	A	B		A	B		A	B
EAU (ESSENTIELLE)			JUS DE LÉGUMES			COKE (diète, décaféiné)		
THÉ			7UP (léger)			PEPSI (diète, décaféiné)		
CAFÉ			SPRITE (diète)			LAIT ÉCRÉMÉ		

Buvez huit grands verres de liquide par jour, dont au moins quatre ou cinq verres d'eau, du café noir et du thé décaféinés, des tisanes. Le café non décaféiné stimule les sucs gastriques qui provoquent une fausse faim. Même sans calorie, limitez à deux par jour la consommation de boissons gazeuses. Certains additifs utilisés comme succédanés du sucre peuvent causer des problèmes à certaines personnes.

Divers

Les olives, les noix (sauf les cajous et les châtaignes), les cornichons à l'aneth (*dills*) et les graines de toutes sortes sont permis.

Les quantités

Mangez suffisamment pour satisfaire votre vraie faim.

L'effet cétonique

Ce qui précède n'est pas un régime où vous comptez les calories. Si vous vous en tenez uniquement aux aliments énumérés, sans tricher, vous maigrirez. *On ignore encore les raisons de cette injustice, mais les hommes maigrissent plus rapidement que les femmes.*

Si, en cours de route, vous atteignez un plateau (c'est-à-dire qu'il n'y a pas de perte de poids pendant quelques jours), rassurez-vous, c'est normal. Persévérez et votre perte de poids reprendra bientôt.

Comme vous avez bien rempli les cases *béguins* des aliments suggérés, vous connaissez maintenant vos préférés. Ce sont essentiellement ceux que vous choisirez pour remplacer les aliments engraissants que vous mangiez jusqu'ici.

Une fois votre poids idéal atteint, ce sont vos changements de comportement dans votre vie de tous les jours qui faciliteront le maintien de ce poids idéal.

Il est inutile d'approfondir les raisons scientifiques qui président au choix des aliments suggérés ici. Voici comment le processus se déroule. Ces aliments stimulent le métabolisme qui met environ deux jours à brûler le surplus d'énergie emmagasiné en hydrates de carbone et en alcool, après quoi ils puisent dans les graisses pour se changer en énergie. On atteint alors l'état de cétose. Plus il se développe, plus on perd de poids.

Autres signes indiquant qu'on a atteint cet état cétonique: on ressent plus d'énergie, l'humeur s'améliore, la fatigue s'estompe; certains deviennent même euphoriques, des «bobos» non spécifiques disparaissent.

De plus, une alimentation cétogène agit comme diurétique, aidant ainsi à abaisser une hypertension artérielle légère et à diminuer certains risques cardiaques ou d'autres troubles qui provoquent de l'œdème.

Un meilleur contrôle des sucs sanguins corrigera l'hypoglycémie, les corps cétoniques faisant alors cesser les décharges d'insuline qui pourraient faire baisser abruptement le taux de ces sucs sanguins. On se départira donc ainsi des symptômes suivants: sueurs nocturnes, migraines, réveils nocturnes, palpitations cardiaques et autres.

On maigrit plus rapidement par une alimentation cétogène que par un jeûne total.

Pour vous aider à maigrir, je vous livre ici un *exemple* de menus pour 10 jours consécutifs d'alimentation à haute teneur en protéines. Des centaines de personnes l'ont essayé, et les pertes de poids ont été spectaculaires, allant jusqu'à plus de 8 kg en une semaine. Les recettes de ces menus suivent.

Je réitère le fait qu'il est plus facile de perdre du poids que de maintenir sa ligne par la suite, à moins qu'on ne transforme son style de vie. Ce livre donne les outils nécessaires pour y arriver facilement en se fixant des objectifs.

Je veux ici dire toute ma gratitude à ma compagne de vie, Lucille, le meilleur cordon-bleu que je connaisse. C'est elle qui a concocté les recettes de ce menu en suivant à la lettre la liste des aliments amincissants.

N'oubliez pas d'appliquer la théorie des *béguins*!

Je le répète: vous n'avez aucune calorie à additionner, pas plus que vous ne devez restreindre vos portions. J'ai même ajouté deux collations, pour un total de cinq repas par jour, afin de prévenir les fringales possibles.

Allez-y mollo sur le sel (même le sel de mer); utilisez plutôt des épices et des fines herbes.

Les recettes amincissantes

Si vous trouvez certaines recettes trop douces, vous pourrez y ajouter un peu de sel de mer...

Se passer de sel est *aussi* une habitude qui s'apprend.

Les bouillons

Bouillon de bœuf à basses calories

Os de bœuf (ou de veau) pour la soupe
2 L (8 tasses) d'eau
3 ml ($\frac{1}{2}$ c. à thé) de thym
2 feuilles de laurier
2 ml ($\frac{1}{4}$ c. à thé) de cerfeuil
2 ml ($\frac{1}{4}$ c. à thé) de basilic
2 clous de girofle

2 carottes en bâtonnets
1 oignon haché
2 branches de céleri
poivre du moulin
1 oignon avec pelure, tranché en deux
persil

Mélanger le tout. Porter à ébullition à feu vif et écumer. Couvrir le tout et laisser mijoter, à feu modéré, durant 2 heures. Retirer les restes de la viande et tamiser le bouillon. Laisser refroidir et réfrigérer pendant au moins 10 heures. Dégraisser le tout. Se congèle, si désiré.

Bouillon de poulet à basses calories

Os de poulet (cou, foie, cœur, etc.)
2 L (8 tasses) d'eau
$\frac{1}{2}$ petit oignon
2 échalotes
1 gousse d'ail émincée
2 ml ($\frac{1}{4}$ c. à thé) de poivre en grains

2 ml ($\frac{1}{4}$ c. à thé) de thym
1 branche de céleri
1 carotte en bâtonnets
1 pincée de cerfeuil
$\frac{1}{2}$ feuille de laurier
persil

Porter tous ces ingrédients à ébullition. Couvrir, puis, à feu modéré, laisser mijoter durant 2 heures. Retirer le reste du poulet et tamiser le bouillon. Laisser refroidir, puis réfrigérer pendant 10 heures. Dégraisser le tout. Se congèle, si désiré.

Les potages

Soupe aux légumes (8 personnes)

125 ml ($\frac{1}{2}$ tasse) de carottes
125 ml ($\frac{1}{2}$ tasse) de navet
60 ml ($\frac{1}{4}$ tasse) de céleri
1 oignon finement haché
100 g ($\frac{1}{2}$ tasse) de chou haché

125 ml ($\frac{1}{2}$ tasse) de haricots
125 ml ($\frac{1}{2}$ tasse) de jus de tomate
poivre au goût

1 L (4 tasses) bouillon de bœuf à basses calories (voir ci-dessus)
1 feuille de laurier, persil ou cerfeuil

Mélanger, couvrir et laisser mijoter, à feu modéré, durant 15 à 20 minutes.

Crème de carottes (4 personnes)

500 ml (2 tasses) de carottes tranchées
60 ml ($\frac{1}{4}$ tasse) d'échalotes hachées
125 ml ($\frac{1}{2}$ tasse) d'oignons émincés
550 ml (2 $\frac{1}{4}$ tasses) d'eau
bouillon de poulet (voir ci-dessus)

poivre au goût
500 ml (2 tasses) de lait écrémé
persil finement haché
2 ml ($\frac{1}{4}$ c. à thé) de basilic

Mettre l'eau, les carottes, les échalotes et les oignons dans une casserole. Poivrer. Recouvrir et laisser mijoter, à feu modéré, durant 15 minutes. Ajouter tous les ingrédients, sauf le persil, et les passer au mélangeur. Chauffer à feu doux jusqu'à l'obtention d'une crème légère. Ne pas laisser bouillir.

Ajouter le persil au moment de servir.

Potage au chou (4 personnes)

500 ml (2 tasses) de bouillon de poulet (voir ci-dessus)
60 ml ($\frac{1}{4}$ tasse) de carottes râpées
15 ml (1 c. à soupe) d'échalotes hachées
poivre au goût

persil finement haché
250 ml (1 tasse) de chou émincé
60 ml ($\frac{1}{4}$ tasse) d'oignons émincés
60 ml ($\frac{1}{4}$ c. à thé) de poudre d'ail
125 ml ($\frac{1}{2}$ tasse) de lait écrémé

Mettre tous les ingrédients, sauf le lait et le persil, dans une casserole et couvrir. Cuire à feu modéré durant une vingtaine de minutes. Tiédir le lait et l'ajouter. Garnir de persil avant de servir.

Potage au citron (1 personne)

250 ml (1 tasse) de bouillon de poulet (voir ci-dessus)
15 ml (1 c. à soupe) de jus de citron frais

45 ml (3 c. à soupe) d'épinards finement hachés
5 ml (1 c. à thé) de zeste de citron
poivre au goût

Amener le bouillon de poulet à ébullition. Ajouter le jus de citron et les assaisonnements. Continuer la cuisson durant 5 minutes. Ajouter les épinards et le zeste de citron. Continuer la cuisson pendant un autre 5 minutes. Servir très chaud.

Velouté de cresson (4 personnes)

1 botte de cresson
4 feuilles de laitue
45 ml (3 c. à soupe) d'échalotes hachées

500 ml (2 tasses) de bouillon de poulet
poivre au goût
250 ml (1 tasse) de lait écrémé
persil finement haché

Mélanger tous les autres ingrédients, sauf le persil. Couvrir et laisser mijoter durant 15 à 20 minutes jusqu'à ce que les légumes soient tendres. Passer au mélangeur pendant 1 minute. Garnir de persil au moment de servir.

Potage de crevettes (4 personnes)

1 L (4 tasses) de bouillon de poulet
60 ml ($\frac{1}{4}$ tasse) de céleri finement haché
10 ml (2 c. à thé) d'échalotes hachées
1 œuf moyen

60 ml ($\frac{1}{4}$ tasse) de carottes en fines rondelles
125 ml ($\frac{1}{2}$ tasse) d'oignons émincés
2-3 gouttes de sauce Worcestershire

90 g (3 oz) de petites crevettes fraîches ou congelées
2 gouttes de Tabasco
5 ml (1 c. à thé) de sel (de mer)
poivre blanc

Amener à ébullition le bouillon, le céleri, les carottes, les oignons et les échalotes. Ramener à feu modéré et laisser cuire pendant 10 minutes. Ajouter les assaisonnements et continuer la cuisson durant un autre 5 minutes. Ajouter alors l'œuf battu et remuer vigoureusement jusqu'à l'obtention d'un potage lisse et crémeux, sans grumeaux. Si les crevettes sont rosées, les ajouter au potage. Si elles ne sont pas cuites (grises), les faire bouillir durant 2 minutes avant de les incorporer. Laisser reposer pendant 2 minutes. Servir le potage très chaud.

Les sauces et les vinaigrettes

Sauce à la ciboulette ou à l'échalote

250 ml (1 tasse) de yogourt nature léger
5 ml (1 c. à thé) de jus de citron

15 ml (1 c. à soupe) de ciboulette ou d'échalotes

Mélanger le tout et mettre au réfrigérateur. Servir avec du poisson.

Sauce au fromage cottage

250 ml (1 tasse) de fromage cottage léger
30 ml (2 c. à soupe) d'échalotes hachées
2 ml ($\frac{1}{4}$ c. à thé) de sel de mer

poivre au goût
1 ml ($\frac{1}{8}$ c. à thé) d'aneth
quelques gouttes de Tabasco (facultatif)

Fouetter le fromage cottage jusqu'à ce qu'il soit crémeux. Ajouter les autres ingrédients. Réfrigérer.

Sauce française

3 ml ($\frac{1}{2}$ c. à thé) de gélatine
250 ml (1 tasse) d'eau bouillante
1 sachet de succédané de sucre

5 ml (1 c. à thé) de sel de mer
125 ml ($\frac{1}{2}$ tasse) de jus de citron

2 ml ($\frac{1}{4}$ c. à thé) de jus d'oignon
soupçon de poivre
soupçon de poivre de Cayenne

Amollir la gélatine dans 15 ml d'eau (1 c. à soupe). Ajouter les autres ingrédients. Brasser le tout jusqu'à la dissolution de la gélatine. Couvrir et agiter. Réfrigérer durant plusieurs heures.

Trempette (pour tous les légumes)

1 yogourt nature léger

$\frac{1}{4}$ d'enveloppe de soupe à l'oignon (à basses calories)

Bien mélanger les ingrédients.

Vinaigrette pour salade de chou

60 ml ($\frac{1}{4}$ tasse) de vinaigre blanc
jus de citron
1 sachet de succédané de sucre

soupçon de jus de cornichon à l'aneth (*dill*)
sel (de mer) et poivre au goût

Mélanger le tout.

Vinaigrette à salade

60 ml ($\frac{1}{4}$ tasse) de vinaigre blanc
60 ml ($\frac{1}{4}$ tasse) de vinaigre de vin rouge
10 ml (2 c. à thé) d'oignons hachés
10 ml (2 c. à thé) de persil haché
5 ml (1 c. à thé) de succédané de sucre
liquide

10 ml (2 c. à thé) de piment haché
30 ml (2 c. à soupe) d'eau
poivre au goût
poudre d'ail au goût

Agiter le tout dans un contenant hermétiquement fermé. Réfrigérer.

Les salades

Salade de chou

125 ml ($\frac{1}{2}$ tasse) de chou blanc râpé
125 ml ($\frac{1}{2}$ tasse) de chou rouge râpé
60 ml ($\frac{1}{4}$ tasse) de carottes pelées et râpées

30 ml ($\frac{1}{8}$ tasse) de radis finement hachés
30 ml (2 c. à soupe) d'échalotes finement hachées

Mélanger le tout.

Salade de crabe au cari (2 personnes)

175 g (6 oz) de chair de crabe
1 pomme non pelée, en morceaux
$\frac{1}{4}$ de piment rouge émincé

30 ml (2 c. à soupe) de yogourt nature léger
3 ml ($\frac{3}{4}$ c. à thé) de poudre de cari
$\frac{1}{4}$ de piment vert doux émincé

feuilles de laitue
persil finement haché
tranches de citron
jus de citron au goût

Mélanger la chair de crabe, les morceaux de pomme et les piments. Mélanger le yogourt, le jus de citron et la poudre de cari, et les ajouter au premier mélange. Réfrigérer jusqu'au moment de servir. Étendre le tout sur une feuille de laitue. Garnir de persil et de tranches de citron.

Salade César (2 personnes)

Laitue Boston ou romaine
30 ml (2 c. à soupe) d'huile de tournesol
15 ml (1 c. à soupe) de vinaigre de vin blanc

1 jaune d'œuf
1 gousse d'ail broyée
8 ml (1½ c. à thé) de ciboulette
15 ml (1 c. à soupe) de persil

poivre au goût
5 ml (1 c. à thé) de sauce Worcestershire
fromage parmesan râpé

Verser l'huile, le vinaigre, le jaune d'œuf, la ciboulette, le persil, le sel et le poivre, la sauce Worcestershire et l'ail dans un bol à salade. Bien mélanger le tout. Incorporer et mélanger maintenant les feuilles de laitue au premier mélange. Ajouter le fromage et bien mélanger de nouveau.

Plats de résistance

Bœuf en casserole (4 personnes)

454 g (1 lb) bœuf maigre (ronde) en cubes
1 oignon moyen en quartiers
125 ml (½ tasse) d'échalotes finement hachées
5 carottes tranchées en 4, sur la longueur
2 branches de céleri finement hachées
1 boîte de champignons entiers
250 ml (1 tasse) de tomates pelées, en cubes

2 ml (¼ c. à thé) de thym
2 ml (¼ c. à thé) de basilic
2 ml (¼ c. à thé) de poudre d'ail
poivre au goût
500 ml (2 tasses) de bouillon de bœuf (voir à la page 45)
15 ml (1 c. à soupe) de persil finement haché

Brunir le bœuf dans une poêle à cuisson sans gras ou utiliser un antiadhésif. Mettre le bœuf et les autres ingrédients dans un plat allant au four. Couvrir et mettre au four durant 2½ heures à 150 °C (300 °F). Garnir de persil au moment de servir.

Filets de poisson au basilic (4 personnes)

454 g (1 lb) de filets de poisson
2 ml (¼ c. à thé) de sel de mer

1 ml (⅛ à thé) de poivre
45 ml (3 c. à soupe) d'oignons ou d'échalotes hachés

2 tomates en quartiers
3 ml (½ c. à thé) de basilic
30 ml (2 c. à soupe) de beurre fondu

Disposer les filets de poisson dans un plat peu profond enduit d'un antiadhésif. Parsemer de sel, de poivre et d'oignon. Disposer les quartiers de tomate autour du poisson et saupoudrer de basilic. Arroser le tout de beurre fondu. Mettre au four durant 15 minutes à 235 °C (450 °F).

Œufs bouillis à la ciboulette (2 personnes)

2 œufs
30 ml (2 c. à soupe) de lait écrémé
30 ml (2 c. à soupe) de ciboulette fraîche finement hachée ou 5 ml (1 c. à thé) de ciboulette sèche

poivre au goût
persil finement haché

Battre les œufs à la fourchette. Y mélanger le lait, la ciboulette et le poivre. Cuire à feu modéré dans une poêle à cuisson sans gras. Garnir de persil au moment de servir.

Omelette aux asperges (1 personne)

2 œufs
30 ml (2 c. à soupe) d'eau
5 ml (1 c. à thé) d'échalotes hachées
2 champignons moyens tranchés
3 tiges d'asperges cuites

poivre au goût
45 ml (3 c. à soupe) de fromage râpé
une pincée de feuille d'estragon
persil finement haché

Mélanger les œufs avec l'eau. Ajouter les autres ingrédients et cuire dans une poêle sans gras.

Pain de viande (4 personnes)

454 g (1 lb) de steak haché maigre
45 ml (3 c. à soupe) d'oignons
15 ml (1 c. à soupe) d'échalotes

45 ml (3 c. à soupe) de céleri haché
30 ml (2 c. à soupe) de piment doux haché
200 ml (6 oz) de jus de légumes

5 ml (1 c. à thé) de poudre d'oignon
3 ml ($\frac{1}{2}$ c. à thé) de poivre
15 ml (1 c. à soupe) de persil
400 ml (12 oz) de jus de tomate

Mêler tous les ingrédients, sauf le jus de tomate, en forme de pain. Arroser ensuite le tout du jus de tomate. Parsemer de persil. Cuire au four 1 heure à 190 °C (375 °F).

Poisson à la créole (4 personnes)

454 g (1 lb) de filets de poisson
15 ml (1 c. à soupe) d'oignon
15 ml (1 c. à soupe) de piment vert haché

30 ml (2 c. à soupe) de champignons hachés
250 ml (1 tasse) de tomates en conserve
10 ml (2 c. à thé) de jus de citron

soupçon de moutarde
origan au goût
poivre au goût

Déposer les filets dans un plat allant au four. Mêler tous les autres ingrédients et les chauffer à feu modéré durant environ 10 minutes (jusqu'à ce que les légumes soient tendres). Verser les légumes sur les filets. Cuire au four à 235 °C (450 °F), 10 minutes par 2,5 cm (1 po) d'épaisseur du poisson. Doubler le temps de cuisson si le poisson est congelé.

Poisson à l'orange (4 personnes)

454 g (1 lb) de filets de poisson
2 ml ($\frac{1}{4}$ c. à thé) de sel (de mer)
soupçon de poivre

15 ml (1 c. à soupe) de jus d'orange
15 ml (1 c. à soupe) de zeste d'orange
5 ml (1 c. à thé) de beurre
soupçon de muscade

persil finement haché
125 ml ($\frac{1}{2}$ tasse) de bouillon de poulet (voir à la page 45)

Placer les filets dans un plat à cuisson. Mêler tous les autres ingrédients et les verser sur les filets. Cuire à 235 °C (450 °F) durant 10 minutes par 2,5 cm (1 po) d'épaisseur de poisson. Doubler le temps de cuisson si les filets sont congelés.

Poulet aux légumes (4 personnes)

4 poitrines de poulet de
125 g (4 oz) chacune,
dégraissées et sans peau
3 ml (½ c. à thé) de thym
3 ml (½ c. à thé) de poudre
d'oignon

poivre au goût
200 ml (¾ tasse) de
bouillon de poulet
4 petites carottes
2 branches de céleri

½ petit chou en quatre
1 oignon en rondelles
1 petite tomate en quartiers
persil finement haché

Assaisonner les poitrines de poulet avec le thym, la poudre d'oignon, le sel et le poivre. Mettre les poitrines dans un plat à cuisson. Y verser le bouillon de poulet et les autres ingrédients.

Couvrir et cuire au four à 205 °C (400 °F) durant environ 2 heures.

Saupoudrer de persil au moment de servir.

Spaghetti «Lulu» (2 personnes)

240 g (8 oz) de veau et de
bœuf hachés maigres,
mélangés
3 ml (½ c. à thé) de poudre
d'oignon
poivre au goût
500 ml (2 tasses) de fèves
germées

200 ml (¾ tasse) de jus de
légumes
2 tomates pelées et
tranchées
60 ml (¼ tasse) de piment
vert haché
30 ml (2 c. à soupe)
d'échalotes hachées

125 ml (½ tasse) de
champignons tranchés
1 ml (⅛ c. à thé) de succédané
de sucre liquide
125 ml (½ tasse) de feuilles de
basilic
2 ml (¼ c. à thé) d'origan
2 ml (¼ c. à thé) de sauge
sel (de mer) au goût

Mêler la viande, la poudre d'oignon et le poivre. Former six boulettes et les cuire à feu modéré, dans une poêle sans gras, pendant une dizaine de minutes. Ajouter les autres ingrédients aux boulettes de viande. Chauffer cette sauce à feu doux durant quelque 45 minutes. Faire bouillir les fèves germées dans une casserole, à feu modéré, pendant 5 minutes. Les égoutter et ajouter la sauce.

Cigares au chou (2 personnes)

4 feuilles de chou
1 échalote hachée finement
½ gousse d'ail pressée
8 ml (½ c. à soupe) de persil
haché fin
125 ml (½ tasse) de
bouillon de bœuf
(voir à la page 45)

2 ml (¼ c. à thé) de thym
½ oignon pelé et haché
finement
1 pomme pelée, vidée,
hachée finement
225 g (½ lb) de veau
haché maigre

sel (de mer) et poivre
125 ml (½ tasse) de tomates
pelées, en morceaux
125 ml (½ tasse) de jus de
tomate

Faire bouillir une marmite d'eau salée et y plonger le chou durant 4 minutes. Retirer le chou, l'égoutter, le laisser refroidir et enlever sa partie dure. Dans une poêle sans gras, cuire l'oignon à feu modéré jusqu'à ce qu'il devienne transparent. Ajouter la viande à l'oignon et laisser brunir. Égoutter, ajouter le jus de tomate et les autres ingrédients, à l'exception du bouillon de bœuf. Séparer cette farce en quantités égales à déposer sur chaque feuille de chou. Entourer la farce dans chaque feuille de chou en ramenant les côtés vers le milieu dans lequel on plantera un cure-dent pour retenir le tout. Disposer les cigares dans un plat à cuisson et y verser le bouillon de bœuf. Couvrir et cuire à 160 °C (325 °F) durant une trentaine de minutes.

Filets de poisson poché (2 personnes)

250 ml (1 tasse) de champignons tranchés
60 ml ($\frac{1}{4}$ de tasse) de céleri haché
10 ml (2 c. à thé) d'échalotes hachées

poivre au goût
2 ml ($\frac{1}{4}$ c. à thé) de sel de mer
2 filets de poisson de 120 g (4 oz) chacun

125 ml ($\frac{1}{2}$ tasse) de bouillon de poulet (voir à la page 45)
paprika, persil

Mettre les champignons, le céleri et les échalotes dans un plat allant au four. Saler et poivrer à volonté. Placer les filets sur les légumes et y verser le bouillon. Saupoudrer de paprika et garnir de persil. Couvrir et laisser pocher à 205 °C (400 °F) durant 25 minutes.

Poulet aux pommes (2 personnes)

2 poitrines de poulet de 100 g (3 $\frac{1}{2}$ oz) chacune, dégraissées et sans peau
60 ml ($\frac{1}{4}$ tasse) de bouillon de poulet (voir à la page 45)
2 petites pommes tranchées

125 ml ($\frac{1}{2}$ tasse) de céleri haché
30 ml (2 c. à soupe) d'échalotes hachées
3 ml ($\frac{1}{2}$ c. à thé) de cannelle
2 ml ($\frac{1}{4}$ c. à thé) succédané de sucre liquide
15 ml (1 c. à soupe) de persil haché

Mettre les poitrines dans un plat allant au four. Y ajouter le bouillon, les tranches de pommes, le céleri et les échalotes. Saupoudrer de cannelle et ajouter le succédané de sucre liquide. Couvrir et cuire à 220 °C (425 °F) durant 45 minutes en arrosant, au besoin, du liquide du fond du plat. Garnir de persil.

Les desserts

Pêches et framboises en coupe (4 personnes)

1 boîte de 14 oz de pêches dans un jus non sucré
125 ml ($\frac{1}{2}$ tasse) de framboises
60 ml ($\frac{1}{4}$ tasse) d'eau

soupçon de succédané de sucre liquide
soupçon de vanille
60 ml ($\frac{1}{4}$ tasse) de yogourt nature léger

Jeter le jus des pêches. Mêler tous les ingrédients, sauf le yogourt. Verser dans quatre coupes. Garnir chaque coupe de 15 ml (1 c. à soupe) de yogourt. Réfrigérer.

Bleuets en coupe (4 personnes)

250 ml (1 tasse) de bleuets
8 ml (1$\frac{1}{2}$ c. à thé) de succédané de sucre
1 sachet de gélatine
feuilles de menthe

500 ml (2 tasses) d'eau
120 ml (4 oz) de yogourt nature léger
60 ml ($\frac{1}{4}$ tasse) de lait en poudre

Mettre les bleuets dans 250 ml (1 tasse) d'eau et les laisser réduire en purée à feu doux. Faire bouillir le reste de l'eau. Ajouter la gélatine et le sucre. Joindre les bleuets à ce mélange et bien mêler. Une fois la gélatine prise, ajouter le yogourt et le lait. Bien mêler. Servir dans des coupes en ajoutant 15 ml (1 c. à soupe) de yogourt sur le dessus. Orner d'une feuille de menthe.

Sauce à l'ananas et aux pommes (2 personnes)

300 ml (1¼ tasse) de pommes pelées et tranchées
180 ml (¾ tasse) d'ananas broyés, frais (sans sucre, si en conserve)
125 ml (½ tasse) d'eau

cannelle et muscade au goût
8 ml (½ c. à soupe) de succédané de sucre liquide
quelques gouttes de colorant culinaire jaune

Mettre tous ces ingrédients dans une casserole. Couvrir et laisser mijoter une vingtaine de minutes jusqu'à ce que les pommes soient tendres. Mêler bien le tout.

Pomme au four (1 personne)

1 pomme à cuire, moyenne
125 ml (½ tasse) d'eau
1 sachet de succédané de sucre

soupçon de cannelle en poudre
soupçon de muscade

Chauffer d'abord le four à 160 °C (325 °F). Ôter le cœur de la pomme et la peler en la laissant entière. Faire fondre le succédané de sucre dans l'eau. Mettre la pomme dans un plat allant au four et y verser l'eau et les épices. Cuire durant une vingtaine de minutes jusqu'à ce que la pomme soit assez cuite.

Melon de miel glacé (6 personnes)

120 ml (4 oz) de yogourt nature léger
60 ml (¼ tasse) de lait en poudre
2 ml (¼ c. à thé) de succédané de sucre

5 ml (1 c. à thé) de gingembre
1 melon de miel

Trancher le melon en six portions égales. Creuser légèrement le centre de chaque portion. Mettre le yogourt dans un bol et ajouter le succédané de sucre, le gingembre et le lait en poudre. Bien mêler le tout. Placer au réfrigérateur durant 1 heure. Au moment de servir, insérer le yogourt dans les cavités du melon.

Yogourt Chantilly

120 ml (4 oz) de yogourt nature léger
60 ml (¼ tasse) de lait en poudre
60 ml (¼ tasse) de succédané de sucre liquide

5 ml (1 c. à thé) d'essence de rhum (ou de rhum)

Bien mêler le tout et placer au réfrigérateur durant 2 heures. Ajouter un peu d'essence de rhum au goût.

Délice aux pêches (6 personnes)

3 pêches fraîches (si en conserve, sans sucre)
6 noix de Grenoble

5 ml (1 c. à thé) d'essence de rhum (ou de rhum)
yogourt nature léger

Peler les pêches et les couper en deux. Jeter les noyaux. Mettre les pêches dans un plat à dessert et placer une noix sur chaque pêche. Au moment de servir, verser le rhum sur les pêches et orner de 15 ml (1 c. à soupe) de yogourt Chantilly (voir ci-dessus).

Cantaloup en gelée (4 personnes)

1 cantaloup
120 ml (4 oz) de yogourt nature léger
5 ml (1 c. à thé) d'essence de vanille
1 paquet de gélatine neutre
2 blancs d'œufs

60 ml ($\frac{1}{4}$ tasse) de lait en poudre
3 ml ($\frac{1}{2}$ c. à thé) de succédané de sucre liquide
1 paquet de gélatine aux fraises non sucrée
250 ml (1 tasse) d'eau

Peler le cantaloup et en vider le centre. Trancher en fines lamelles ou en faire des boulettes (à l'aide d'une cuillère spéciale). En la chauffant, liquéfier la gélatine aux fraises. Incorporer de menus morceaux de cantaloup. Réfrigérer pour faire prendre la gélatine. Battre les blancs d'œufs et les incorporer à la gélatine aux fraises. Passer ce mélange au malaxeur. Placer des tranches de cantaloup dans des moules et recouvrir de la gélatine aux fraises. Faire bouillir la gélatine neutre.

Verser cette gélatine dans les moules, sur la gélatine aux fraises et le cantaloup. Faire prendre le tout au réfrigérateur. Juste avant de servir, mêler le yogourt, le lait en poudre, le succédané de sucre et la vanille. Démouler le cantaloup et servir en arrosant du mélange ci-dessus.

Pomme en purée (4 personnes)

120 ml (4 oz) de yogourt nature léger
3 ml ($\frac{1}{2}$ c. à thé) de succédané de sucre liquide
60 ml ($\frac{1}{4}$ tasse) de lait en poudre

1 grosse pomme
5 ml (1 c. à thé) d'essence d'amande
quelques noix de Grenoble (facultatif)

Peler la pomme et enlever le cœur et les pépins. Au malaxeur ou par cuisson, réduire cette pomme en purée. Mélanger le yogourt, le lait en poudre, le succédané de sucre et l'essence d'amande. Ajouter la pomme en purée et passer au malaxeur. Réfrigérer durant 1 ou 2 heures. Orner de noix de Grenoble (si désiré).

Salade de fruits «Lulu» (4-6 personnes)

$\frac{1}{4}$ de cantaloup en petits cubes
$\frac{1}{4}$ de melon de miel en boulettes
2 rondelles d'ananas finement coupées
2 ml ($\frac{1}{4}$ c. à thé) de succédané de sucre liquide

6 fraises
120 ml (4 oz) de yogourt nature léger
60 ml ($\frac{1}{4}$ tasse) de lait en poudre
3 ml ($\frac{1}{2}$ c. à thé) d'essence de rhum (ou de rhum)

Placer les fruits dans un plat. Mélanger le yogourt, le lait en poudre, le succédané de sucre et l'essence de rhum (ou le rhum). Réfrigérer ce mélange durant 1 ou 2 heures. Servir les fruits en coupe, garnir de 30 ou 45 ml (2 ou 3 c. à soupe) du mélange de yogourt.

Exemples de menus pour 10 jours

Boire au moins 2 litres (64 oz) de liquide par jour: eau, thé faible, café décaféiné (lait écrémé et succédané de sucre), tisanes, boissons gazeuses diètes et décaféinées.

Toute cuisson se fera sans beurre ni gras. Utilisez un produit antiadhésif.

Si la faim se fait sentir, mangez des radis, du brocoli, du chou-fleur, du céleri, des cornichons à l'aneth (*dill*), des carottes.

Première journée

REPAS 1
½ pamplemousse
1 œuf cuit sans gras
1 rôtie de pain de blé entier
boisson au choix

REPAS 2
fromage cottage léger
avec ciboulette
boisson au choix

REPAS 3
bouillon de poulet à
basses calories
salade de crevettes
ananas frais (ou conserve
sans sucre)
boisson au choix

REPAS 4
légumes et trempette
boisson au choix

REPAS 5
jus de légumes
poulet aux légumes
abricots
boisson au choix

Deuxième journée

REPAS 1
jus de pamplemousse non
sucré
fromage cottage léger
1 rôtie de pain blé entier
boisson au choix

REPAS 2
céleris et radis
boisson au choix

REPAS 3
soupe aux légumes
steak haché maigre
champignons et oignons
pêches sans sucre
boisson au choix

REPAS 4
salade de légumes
boisson au choix

REPAS 5
spaghetti «Lulu»
melon de miel
boisson au choix

Troisième journée

REPAS 1
jus de tomate
porc
œuf brouillé et échalotes
1 rôtie de pain blé entier

REPAS 2
1 morceau de fromage

boisson au choix

REPAS 3
2 côtelettes de veau ou de

salade de chou
fèves jaunes
salade de fruits frais
boisson au choix

REPAS 4
salades assorties
boisson au choix

REPAS 5
jus de légumes
bœuf en casserole
choux de Bruxelles
pomme au four

Quatrième journée

REPAS 1
1 fruit frais
fromage cottage léger
1 rôtie de pain blé entier
boisson au choix

REPAS 2
radis, carottes
boisson au choix

REPAS 3
soupe au chou
poulet bouilli ou rôti,
sans la peau
fèves, échalotes
melon de miel
boisson au choix

REPAS 4
cocktail de crevettes
boisson au choix

REPAS 5
jus de tomate
escalope de veau en poêle
brocoli, chou-fleur
petite salade verte
bleuets ou autre fruit
boisson au choix

Cinquième journée

REPAS 1
½ pamplemousse
omelette
1 rôtie de pain blé entier
boisson au choix

REPAS 2
poulet froid
boisson au choix

REPAS 3
crème de carottes
foie et oignons
fèves jaunes
boisson au choix

REPAS 4
légumes et trempette
boisson au choix

REPAS 5
steak grillé au four
carottes et navet
salade de chou
pêches et framboises en coupe
boisson au choix

Sixième journée

REPAS 1
tranche de fromage léger
1 rôtie de pain blé entier
boisson au choix

REPAS 2
½ pamplemousse
boisson au choix

REPAS 3
salade de crabe au cari
poisson à la créole
brocoli
sauce à l'ananas et aux
pommes
boisson au choix

REPAS 4
tranche de fromage léger
boisson au choix

REPAS 5
bouillon de poulet (voir à la page 45)
cigares au chou
carottes en bâtonnets
melon de miel
boisson au choix

Septième journée

REPAS 1
½ pamplemousse
œuf poché
1 rôtie de pain blé entier
boisson au choix

REPAS 2
légumes et trempette
boisson au choix

REPAS 3
jus de légumes
salade de thon
cantaloup
boisson au choix

REPAS 4
tranche de fromage léger
boisson au choix

REPAS 5
velouté de cresson
poulet aux légumes
brocoli et carottes
ananas
boisson au choix

Huitième journée

REPAS 1
œuf brouillé
1 rôtie de pain blé entier
boisson au choix

REPAS 2
poulet froid
boisson au choix

REPAS 3
soupe au citron
spaghetti «Lulu»
melon de miel
boisson au choix

REPAS 4
légumes et trempette
boisson au choix

REPAS 5
crème de carottes
bœuf en casserole
fèves
pêches
boisson au choix

Neuvième journée

REPAS 1
$\frac{1}{2}$ pamplemousse

1 œuf poché
1 rôtie de pain blé entier
boisson au choix

REPAS 2
fromage cottage léger
boisson au choix

REPAS 3
bouillon de bœuf
(voir à la page 45)
filet de poisson
brocoli et chou-fleur
salade verte
boisson au choix

REPAS 4
cocktail de crevettes
boisson au choix

REPAS 5
jus de légumes
pain de viande
choux de Bruxelles
salade de fruits
boisson au choix

Dixième journée

REPAS 1
omelette aux asperges

1 rôtie de pain blé entier
boisson au choix

REPAS 2
bouillon de poulet
(voir à la page 45)
boisson au choix

REPAS 3
soupe aux légumes
poisson à la créole
fèves jaunes
salade verte
pêche sans sucre
boisson au choix

REPAS 4
légumes et trempette
boisson au choix

REPAS 5
soupe au chou
poulet aux légumes
pomme au four
boisson au choix

Prendre du poids

Le problème le plus répandu, certes, est celui de l'embonpoint. S'il est relativement facile de perdre du poids, il devient plus difficile d'en gagner. Si l'anorexie est en cause, on consultera un spécialiste de la question.

Souvent, les personnes maigres contractent des habitudes alimentaires plus vilaines que celles qui souffrent d'embonpoint.

Si vous fumez, cesser de fumer se veut, à coup sûr, le premier pas à franchir pour prendre du poids. Vous pourrez y arriver facilement en appliquant les méthodes de fixation d'objectifs expliquées plus loin.

Mangez ce qui vous plaît sans mesurer les quantités. Pour votre santé, cependant, bannissez à jamais le sucre et la farine raffinés. Ils empêchent les aliments vraiment nutritifs de vous permettre d'engraisser. Comme je l'ai déjà mentionné, ils puisent dans les vitamines et les minéraux de votre corps pour se transformer en énergie. Ils sont responsables de vos fatigues et de vos maladies.

Pour combattre vos carences, il devient plus qu'important d'adhérer à un programme d'ingestion de vitamines et de minéraux. Si vous êtes un gros consommateur de sucre et de farineux blanchis, prenez vos suppléments vitaminiques pendant quatre jours avant de les bannir de votre alimentation. Vous corrigerez ainsi vos carences existantes avant de commencer à modifier votre métabolisme.

Même si vous ne sentez pas la faim, tentez d'augmenter la fréquence de vos repas, en y intercalant des collations.

- Le sucre brun et les céréales complètes sont à l'ordre du jour. Noix, lentilles et graines sont les bienvenues!

- Les boissons décaféinées sont permises, mais on devrait bannir l'alcool pour un certain temps.

- Consommez des œufs, de la volaille, du poisson, des viandes et des fromages.

- Insistez plus sur la fréquence de vos repas que sur les quantités.

- Surveillez aussi les gras et le sel pour ménager votre cœur et vos artères. Une analyse sanguine occasionnelle indiquera à votre médecin si votre consommation de gras reste adéquate.

En n'absorbant plus du sucre et des farineux, il se peut que vous perdiez jusqu'à 1 kg au cours de la première semaine. Ne vous alarmez pas. Vous reprendrez le tout au cours de la deuxième semaine. Si tel n'était pas le cas, augmentez alors votre consommation d'hydrates de carbone.

Si vous engraissez et que vous vous sentez bien, peut-être serait-il opportun de penser à couper graduellement les repas que vous avez ajoutés. Si tout va bien et si vous en avez le goût, un verre de vin ou 30 ml (1 oz) d'alcool seront les bienvenus. Vous pourriez ajouter du miel ou du sucre brun à vos céréales.

Contrairement à ceux qui ont à perdre du poids, vous éviterez une surconsommation de protéines pour éviter l'effet de cétose qu'elles engendrent, qui fait perdre du poids.

Même si vous ne repreniez pas de poids en changeant vos habitudes alimentaires, vous serez à même de constater une énergie nouvelle et une meilleure santé mentale et physique.

Le poids normal

Si vous avez le privilège de ne pas avoir à corriger votre poids, il faut tout de même bien vous alimenter et éviter les nourritures nuisibles à votre santé. Les vitamines et les minéraux sont recommandés.

Vous pouvez consommer:

- viandes, poisson, fruits de mer et volaille;
- œufs;
- tous les fromages;
- salades et légumes;
- pain de gluten, de seigle ou de blé entier;
- graines de toutes sortes, noix (sauf les noix de cajou), olives;
- jus de fruits et fruits.

Vous ne devez sous aucun prétexte manger ni de sucre ni de farine raffinés. Si vous avez le goût de sucré, consommez des aliments qui contiennent du fructose.

VOTRE POIDS

Inscrivez ici votre poids présent. Vous vous pèserez occasionnellement pour en constater les variations. Vous vous pesez nu, à
jeun, et toujours à l'aide du même pèse-personne.

DATE	POIDS	DATE	POIDS	DATE	POIDS

RELEVÉ DE VOS MENSURATIONS

Inscrivez vos mensurations présentes. Reprenez-les, de temps à autre, pour constater les variations. Demandez de l'aide si nécessaire.

DATE	Cou	Bras	Avant-bras	Buste	Taille	Hanches	Fesses	Cuisses	Mollets

Chapitre 2

LE MENTAL

Écrire

«Si j'avais dit à mon père, sévère ingénieur, que je voulais écrire, il m'aurait demandé: à qui?»

Maurice Donnay

Vous avez soigneusement rempli les questionnaires qui concernent l'aspect physique de votre personne: votre poids, vos mensurations, votre santé passée et présente, votre alimentation. Bien! Vous connaissez maintenant tout de votre enveloppe physique et vous continuerez à mettre à jour cette partie de vous.

Avant que vous commenciez à remplir les grilles qui suivent, laissez-moi tenter de vous convaincre de l'importance et de la nécessité d'écrire, d'entamer votre livre *Moi* dont je vous ai déjà parlé.

Attaquez ce qui vous touche. Découvrez qui vous êtes: ce qui vous fait bouger, agir, réagir, crier, pleurer, vous réjouir, rire; ce qui vous rend malade; ce qui vous rend bien; ce qui vous fait peur; ce qui vous apaise, ce qui vous rend heureux...

Dès qu'une pensée se manifeste, au lieu de consulter un psychologue, un psychiatre, un devin, une tireuse de cartes, une diseuse de bonne aventure, votre coiffeur ou votre barman, écrivez, écrivez, écrivez...! Vous écrivez pour que votre système puisse se guérir des avatars qu'il a subis, tant sur les plans physique que psychique, en découvrant l'origine des perturbations profondes qui vous minent et que vous vous êtes involontairement cachées par crainte ou par honte. Elles cesseront alors de vous manipuler et de vous faire souffrir. C'est en écrivant que vous arriverez le plus rapidement à découvrir l'origine de ces perturbations.

Bien sûr, vous éprouverez certaines émotions qui pourraient vous faire souffrir pendant un certain temps, mais croyez-moi, c'est à ce prix que vous vous débarrasserez pour toujours de ces malaises chroniques. Vous cesserez alors de vous bourrer de médicaments qui sont souvent plus dangereux que le malaise lui-même.

Scrutez en profondeur tous les tabous sexuels dont votre enfance et votre adolescence ont été entourées. La culpabilité engendrée par ces tabous pourrait être la cause de la plupart des souffrances et des angoisses que vous ressentez aujourd'hui. On nous a tellement culpabilisés par la sexualité pour mieux nous contrôler!

En somme, vous apprendrez à vous pardonner, à vous déculpabiliser des fautes que d'autres vous ont imputées.

Rendez-vous compte que le passé est passé, fini! Vous ne pouvez absolument rien y changer. Tant que vous n'aurez pas compris ce qui précède, votre présent ne sera qu'illusoire parce que vous n'y agirez et n'y réagirez qu'en fonction de vos expériences apprises dans ce passé révolu. Comprenez bien ceci et vous serez désormais en mesure de choisir vos actions et vos réactions en fonction des faits présents, ce qui donnera une toute nouvelle dimension à votre façon de voir votre vie.

Le seul contrôle qu'il vous est possible d'exercer? Le présent et... peut-être un peu l'avenir immédiat.

Vous n'aimez pas écrire? Ce n'est pas une raison. C'est le peu qu'il vous en coûtera pour réussir à vous connaître afin de mieux vous apprécier, vous aimer et vous sentir bien dans votre peau. Écrivez! Je vous assure que vous y prendrez goût.

En remplissant fidèlement les grilles dans le chapitre 1, vous avez sonné le départ de la merveilleuse aventure de votre autobiographie, *Moi*. Les grilles qui suivent vous lanceront sur une voie plus passionnante encore, puisqu'il s'agit maintenant de vous découvrir sur le plan mental.

La facilité est l'apanage des gens médiocres. Il est, bien sûr, plus facile de croupir dans la facilité que de vous forcer à écrire, mais imaginez les résultats que je vous promets ici et vous verrez qu'ils valent les efforts du début de votre carrière d'auteur.

L'ignorance de qui on est se transforme en pure perte de temps et d'énergie.

Savoir clairement ce qu'il veut représente la plus grande difficulté qu'éprouve l'individu, dans quelque domaine de la vie que ce soit. Prenez conscience de ce que vous aimez et de ce que vous détestez, de ce qui vous satisfait, de ce qui vous déplaît. C'est ainsi que s'amorcera la découverte de vos besoins.

Ces grilles révéleront vos forces et vos faiblesses. Examinez les failles que vous devez combler, mais cultivez vos forces.

Il n'y a qu'un moyen de lutter contre vos émotions et vos attitudes néfastes: analyser vos pensées pour en devenir pleinement conscient. Vous saurez alors écarter les digressions qui vous éloigneraient de vos objectifs.

On a découvert qu'environ 1200 pensées par minute assaillent l'individu moyen. Comment découvrir celles qui vous font agir et réagir? En les verbalisant, en les rendant concrètes. Comment verbaliser ces pensées? En les examinant une à une. S'il vous en vient 1200 par minute, comment les saisir une à une? En les révélant à quelqu'un d'autre: ami, parent, psychologue, psychiatre, coiffeur, barman, enfin, à toute oreille qui s'offre, qu'elle écoute ou non... Ou en les écrivant. Quand on parle ou qu'on écrit, on se concentre sur une pensée unique.

Les oreilles peuvent être indiscrètes. Celles des professionnels coûtent cher, en plus d'être rigoureusement minutées. On limite habituellement les consultations à une heure par semaine.

Vous sentez le besoin de parler, de vous exprimer en dehors de ces rendez-vous? Dommage, mais il vous faut attendre! Vous suivez un filon intéressant? Une fois l'heure de la rencontre terminée, vous n'avez d'autre choix que de couper cette veine susceptible de solutionner le problème au moment où vous l'énoncez. Il est fort probable que vous l'aurez oublié avant la prochaine session. Sachez aussi que ces professionnels ont droit à des vacances. Une intervenante pourrait devoir prendre un long congé de maternité... Se pourrait-il que vous éprouviez alors un sentiment d'abandon?

Si vous avez des malaises d'ordre physique, consultez votre médecin et la liste de vos antécédents médicaux. Exigez qu'il vous fasse subir les tests qui lui indiqueront si vous êtes vraiment physiquement malade. Dans la négative, on vous prescrira sans doute des tranquillisants, histoire de vous donner une chance de décompresser. Si, par contre, rien ne se produit au bout d'un laps de temps assez court, il faudrait chercher ailleurs au lieu d'accepter une nouvelle ordonnance sans doute plus robuste.

La meilleure solution: écrire! Écrire et décrire chaque pensée, dès qu'elle vous arrive. Votre livre *Moi* constamment ouvert, vous pourrez y coucher tout ce qui vous habite, à votre rythme, au jour et à l'heure qui vous conviennent.

Cette méthode est plus efficace que toute autre (à moins, bien sûr, que vous ne soyez en état de crise. Si tel est le cas, consultez un intervenant spécialisé). Cette analyse deviendra une auto-thérapie qui vous apportera une compréhension de vous-même indispensable à un bien-être constant. Alliée au contrôle de vos pensées, de vos émotions, de vos sentiments et de vos attitudes, elle vous aidera à vaincre le stress et autres facteurs qui sont les causes de vos désagréables malaises, sinon de maladies.

Écrire vous aidera à trouver la source de ce qui vous mine. Et la trouver, c'est la comprendre. Ce cheminement vous aidera à vaincre définitivement vos spectres du passé qui cesseront graduellement de vous blesser. Vous verrez s'estomper les sentiments d'insécurité et ces blessures que vous portez en vous depuis si longtemps.

Au lieu de vous confier à quelqu'un d'autre ou d'écrire à un courrier du cœur pour étaler vos problèmes, je vous offre un procédé beaucoup plus facile qui vous apportera davantage de résultats. Vous écrivez... à vous-même. Écrivez... jour après jour. Peut-être trouverez-vous cela difficile au début, mais une fois l'habitude acquise, vous y prendrez goût. Il s'agit de votre propre histoire, de vos pensées les plus secrètes. Tumultueuses ou à l'index, vous débusquerez celles qui vous font... chialer. Une fois comprises, ces pensées ne pourront plus agir sur vous, vous les aurez neutralisées.

Vous trouverez un peu plus loin une liste des événements ou des circonstances qui représentent un important pourcentage des facteurs de stress. Révisez-la et écrivez sur ceux qui vous touchent. Trouvez, analysez, observez et comprenez!

Vos anciennes pensées étaient négatives? Exorcisez-les pour enfin les ranger et cultiver de nouvelles pensées remplies de bonheur, de succès et d'amour de soi.

Prenez immédiatement la décision d'écrire pour vous regarder bien en face. Scrutez vos pensées, vos émotions, vos attitudes. Vous êtes habitué à ce que vous avez vécu et ressenti jusqu'à ce jour. Dès que vous aurez découvert ce qui vous habite, vous aurez le loisir de changer ce qui ne vous convient plus pour accéder à tout ce que vous puissiez désirer, tant sur les plans matériel que mental!

Voici un exemple d'auto-analyse tiré du livre *Moi* d'un apprenant qui m'a permis de le citer: «Dès mon jeune âge, et sans doute parce que j'étais un enfant surexcité qu'on traiterait probablement au Ritalin aujourd'hui, je ressentais le rejet que j'inspirais aux autres. Gavé de sucre, de chocolat et de boissons gazeuses, j'étais agressif et toujours sur la défensive.

«Ce rejet continu m'a amené à douter constamment de moi. J'entretenais la peur de manquer mon coup, de ne pas être à la hauteur de mes attentes et, surtout, de celles des autres. Je crânais effrontément pour cacher mes peurs. Je sentais le besoin d'être vraiment excellent dans tout ce que j'entreprenais pour être accepté.

«Il y a tellement de gestes que je n'ai pas faits par crainte de l'échec. J'avais tellement peur. J'évitais donc les risques. J'ai laissé passer tellement de belles occasions! Occasions d'emploi qui m'auraient amené à voyager de par le monde, occasions d'affaires internationales... Et tellement d'autres fantastiques possibilités.

«Tiens, le risque serait donc synonyme de changement? Est-ce que le changement est néfaste? Pourquoi en ai-je peur? L'inconnu fait peur. À cause de cette peur, combien de situations intenables n'ai-je pas endurées? Que de douleurs...!

«Mais qu'est-ce que je risque à changer ce qui me bouleverse? Rien d'autre que de me défaire de cette maudite peur non motivée. Ouais!... Intéressant!

«Pourquoi avoir voulu pendant aussi longtemps être le meilleur en tout? Pourquoi ce souci du détail? Pourquoi cette crainte de déléguer?

«Étais-je en compétition avec mon frère pour retenir l'attention et la reconnaissance de ma mère? Je ne me souviens pas qu'elle m'ait déjà pris sur ses genoux, même dans mon plus jeune âge. Quand je lui en parlai, elle me répondit qu'elle avait sûrement dû le faire quand j'étais bébé... Elle ne se souvenait pas. Un jour, je lui demandai (elle était alors âgée de plus de 70 ans) ce qui avait été le plus important dans sa vie. Elle me répondit sans hésiter: "Mon travail, naturellement!" Ce qui ne me surprit aucunement. Pourquoi, alors, avoir développé ce sentiment de culpabilité quand elle voulait que je l'embrasse, que je la caresse et que tout mon être s'y refusait? Bien sûr, en bon fils, j'administrai ses affaires personnelles jusqu'à son décès. Oh! comme je me suis senti coupable de n'avoir pas le goût de la visiter alors qu'elle habitait un foyer pour personnes âgées! Jeune, j'étais une corvée pour elle... C'est du moins ce que ses réactions à mon endroit me faisaient ressentir. Elle pouvait bouder mon père des semaines durant, quand il avait le malheur de lui demander de mettre la pédale douce envers moi. C'était comme si je n'existais pas. C'est sans doute pourquoi mes amitiés devenaient tellement importantes. Pour me soustraire à sa présence, je déguerpissais chez mes amis dès que j'en avais l'occasion.

«Pendant ce temps, ce rejet me rendait excessivement dépendant du foyer familial, au point où j'ai développé une phobie de l'éloignement de mon entourage connu. Tiens! Intéressant. Qu'aurais-je à perdre à voyager? Mes peurs?

«Quels besoins à combler! Quels objectifs à atteindre! J'ai vraiment le goût d'entreprendre les changements qui me rendront bien dans ma peau pour enfin vivre pleinement!»

Quelles pensées intenses, intimes et révélatrices! Vous avez trouvé des pensées négatives, noires, confuses et déprimantes... et vous les avez comprises!

Il y a des jours où vous n'aurez tout simplement pas le goût d'écrire. Trop occupé, peut-être? Trop impliqué, trop pris dans vos tempêtes émotionnelles? Il n'est pas facile de s'observer quand on vient de nous coller un billet de circulation; quand le conjoint n'est pas entré à l'heure prévue sans donner de nouvelles ou encore lorsqu'un autre a obtenu le poste convoité...

Gardez votre livre *Moi* à vue, ouvert, stylo prêt ou votre ordinateur en mode traitement de texte (que vous pourrez coder pour éviter l'indiscrétion des curieux).

Comme l'écrivain de carrière, il se pourrait, à certains moments, que vous viviez le *syndrome de la page blanche*. Obligez-vous alors à vous asseoir devant cette page blanche pour y écrire que les idées ne vous viennent pas ou que vous n'avez pas le goût d'écrire. Vous serez surpris de constater que cela fera déclencher l'inspiration recherchée. Dès que vous commencez, s'empilent un flot d'émotions et de pensées. Écrivez aussi rapidement que vous le pouvez ou jetez des mots clés sur papier pour ne rien perdre de ces idées. Si votre inspiration tombe en panne, relisez-vous et de nouvelles pensées surgiront. Capturez-les.

Si, tout à coup, s'extirpe de votre passé une aventure qui vous aurait marqué au point où votre subconscient l'aurait soustraite à votre souvenir pour vous protéger, scrutez-la, surtout si vous avez mal! Allez au bout de vos émotions. Une fois exprimée, verbalisée, cette aventure, qui vous rendait si mal, anxieux, dépressif ou insomniaque, ne pourra plus vous influencer. Vous serez alors surpris de vivre cette sensation de délivrance depuis si longtemps recherchée.

S'il vous est plus facile d'écrire en sachant que vous serez lu, choisissez, pour ce faire, quelqu'un en qui vous avez entièrement confiance. Adoptez n'importe quelle méthode, mais je vous en supplie, ÉCRIVEZ!

Un beau jour, tout deviendra limpide. Vous comprendrez vraiment ce qui se passe en vous. Jamais plus vous n'aurez à vous centrer sur votre transformation, qui deviendra automatique. Vos blocages mentaux vous ont créé vos problèmes. Débloquez-les en écrivant, vos problèmes se résoudront d'eux-mêmes.

Le message est clair: il est indispensable, pour bien vous connaître, vous comprendre et vous guérir, d'écrire et de décrire régulièrement toutes vos pensées, tous vos sentiments et toutes vos émotions.

J'insiste. Écrivez! Écrivez! Écrivez! Il s'agit là d'une partie indispensable de cette méthode qui vous libérera de vos craintes, de la procrastination, de vos manques d'audace et de vos échecs.

Pour vous en donner le goût, visualisez cette vie future où vous pourrez réaliser vos plus grandes ambitions.

Souvent, ceux qui ne veulent pas écrire s'en abstiennent parce qu'ils ont peur de réveiller des souvenirs enfouis au plus profond de soi. Un parent alcoolique? Une séparation? Un viol? La honte d'un proche qui se drogue? Prenez le stylo et frappez la cible. Vous pourriez avoir un peu mal car, la plupart du temps, c'est un sentiment de culpabilité, justifié ou non, qui vous a fait enfouir au tréfonds de votre subconscient ce dont vous aviez honte ou peur. Le mettre sur papier vous aidera à vaincre cette mauvaise humeur mystérieuse, cette frustration imprécise, cette anxiété chronique ou cette phobie inexpliquée.

Quand surviendra le grand déblocage, vous commencerez vraiment à savoir ce que c'est que d'être bien dans sa peau, tant sur les plans physique que mental.

Le fait d'écrire concentre l'énergie du conscient, extirpe les peurs, les ressentiments ainsi que les autres pensées, sentiments, émotions et attitudes de déséquilibre. Écrivez et joignez-vous au rang des heureux perpétuels.

Si, avant de savoir où vous irez, vous devez savoir d'où vous venez et où vous en êtes, votre livre *Moi* demeure l'outil principal à utiliser pour peindre votre portrait. Qui êtes-vous? Vous n'êtes personne d'autre que l'image de vous-même que vous transportez dans votre cerveau. Est-elle vraiment claire, cette image? Est-elle réaliste? Il peut être parfois douloureux de s'évaluer, de faire face à qui on est vraiment. Une fois la stupeur passée, cependant, la découverte peut devenir extrêmement stimulante.

Vous trouverez un peu plus loin une liste de qualités possibles; j'ai délibérément omis une liste de défauts. Découvrez vos qualités, cultivez celles qui feront de vous une meilleure personne et celles que vous devez acquérir pour atteindre vos objectifs. Vos défauts, sans que vous ne vous en préoccupiez, s'amenuiseront alors d'eux-mêmes. Énumérez, dans votre livre, les qualités que vous possédez déjà. Comment les avez-vous acquises? Vous serez surpris du nombre de ces qualités qui vous habitent. S'il y en a que vous ne possédez pas, mais que vous voudriez acquérir, transformez-les en autant d'objectifs à atteindre.

Quelles que soient les découvertes que vous révélera votre livre *Moi*, en aucun cas vous ne vous jugerez. Constatez, tout simplement. Ne vous demandez pas si tel trait de caractère ou telle faiblesse sont bons ou mauvais. Ceci pourrait vous amener à ressentir des ondes négatives à votre endroit et vous empêcher d'agir objectivement. Si vous constatez, sans vous juger, vous serez en mesure d'apporter immédiatement les correctifs utiles et nécessaires à l'atteinte de vos objectifs. Par exemple: vous découvrez que vous êtes porté à toujours parler uniquement de vous et de vos possessions, coupant même souvent la parole à vos interlocuteurs pour vous vanter. Si vous vous jugez, vous penserez que pendant toutes ces années où vous avez agi ainsi sans vous en rendre compte, les autres devaient penser de vous: «Quel raseur!» Vous vous refermerez alors sur votre personne et vous éviterez la compagnie des autres, ratant sans doute de belles occasions de rencontrer des gens fort intéressants. Si vous évitez de vous juger pour seulement constater que vous avez cette vilaine habitude, vous y apporterez une attention spéciale et entamerez les changements nécessaires à vous intéresser davantage aux autres.

Remplissez les grilles d'auto-évaluation qui suivent en toute honnêteté, sans vous juger, sachant qu'il n'y aura ni de bonnes ni de mauvaises réponses. Comme vous conserverez ces résultats pour vous, évitez d'y inscrire des réponses que vous *voudriez être vraies*. Vous n'en récolteriez qu'un sens de culpabilité qui irait à l'encontre de cette prise de conscience. Ne vous mentez surtout pas à vous-même.

Vos qualités

Il m'arrive souvent, lors d'une conversation ou pendant un cours, de demander aux gens d'énumérer leurs qualités. Rares sont ceux qui arrivent à en nommer plus de quatre. La plupart n'en citent que deux, alors que certains en sont absolument incapables.

Pour vous mettre sur la piste, énumérez vos qualités et commentez leurs acquisitions dans votre livre *Moi*.

Voici cette liste de qualités auxquelles vous ajouterez celles que j'aurais pu oublier. Inscrivez un V pour celles qui sont les vôtres et un X pour celles que vous voudriez acquérir (objectifs à atteindre).

Amabilité	_____	Attention	_____	Bonté	_____
Calme	_____	Charité	_____	Clairvoyance	_____
Charme	_____	Communication	_____	Compassion	_____
Confiance en soi	_____	Cordialité	_____	Courage	_____
Courtoisie	_____	Créativité	_____	Décence	_____

Délicatesse	_____	Détermination	_____	Dévouement	_____
Discrétion	_____	Disponibilité	_____	Douceur	_____
Droiture	_____	Dynamisme	_____	Efficacité	_____
Élégance	_____	Émerveillement	_____	Empathie	_____
Enjouement	_____	Énergie	_____	Enthousiasme	_____
Entrain	_____	Éveil	_____	Épanouissement	_____
Fidélité	_____	Fierté	_____	Franchise	_____
Gaieté	_____	Générosité	_____	Gentillesse	_____
Goût	_____	Honnêteté	_____	Hospitalité	_____
Humour	_____	Imagination	_____	Initiative	_____
Intégrité	_____	Jovialité	_____	Jugement	_____
Justice	_____	Loyauté	_____	Objectivité	_____
Optimisme	_____	Patience	_____	Persévérance	_____
Perspicacité	_____	Politesse	_____	Ponctualité	_____
Positivisme	_____	Prévenance	_____	Propreté	_____
Rayonnement	_____	Responsabilité	_____	Sensibilité	_____
Sérénité	_____	Simplicité	_____	Sincérité	_____
Sociabilité	_____	Souplesse	_____	Spontanéité	_____
Subtilité	_____	Sympathie	_____	Tact	_____
Ténacité	_____	Tendresse	_____	Tolérance	_____
Vivacité	_____	Volonté	_____	Autres	_____

Les circonstances et les événements négatifs

Après avoir noté vos qualités, scrutez attentivement les circonstances et les événements qui font apparaître la plupart des pensées néfastes qui influencent négativement vos comportements et vos réactions. Vous y découvrirez ce que (ou qui) vous pourriez choisir de changer dans votre vie pour être plus heureux.

Voici une liste suggérée en partie par le docteur Martin Schiff dans son livre *One-Day-at-a-Time Weight-Loss Plan*. Cette liste comprend à peu près tous les facteurs de stress de la vie. Vous trouverez là matière à écrire dans votre livre *Moi*. Cernez bien chaque problème: ses origines, vos réactions, ce qui vous empêche de le régler. En écrivant, vous serez surpris de tout voir sous un autre jour.

Une fois que vous saurez l'utiliser, la grille *Analyse de problème* (voir à la page 225) pourra vous aider à vous défaire de ces lacunes.

Cochez les facteurs qui vous affectent.

1. Votre travail est:
   ennuyeux   _____
   épuisant   _____
   dangereux   _____
   Exigeant   _____

2. Votre incapacité à:
   vous trouver un emploi   _____
   rencontrer des clients   _____
   solliciter des clients potentiels   _____
   compléter des ventes   _____
   vous créer une clientèle   _____
   communiquer avec les autres   _____

3. Votre irritabilité face à:
   votre patron   _____
   votre superviseur   _____
   certains de vos subordonnés   _____
   un associé   _____
   un voisin   _____
   un parent   _____
   votre conjoint   _____
   un ami   _____
   un ennemi   _____

4. Votre conjoint:
   adultère   _____
   ivrogne   _____
   joueur   _____
   menteur   _____

sexuellement inapte   _____

ennuyeux   _____

Autoritaire   _____

5. Vos phobies (peurs irraisonnées qui ne peuvent vous blesser physiquement):

altitudes   _____

ascenseurs   _____

avions   _____

espaces restreints   _____

foules   _____

incapacité à voyager seul   _____

solitude   _____

rencontrer de nouvelles personnes   _____

obscurité   _____

conduire une auto   _____

succès   _____

autres   _____

6. Vos peurs irraisonnées:

orages électriques   _____

tremblements de terre   _____

tornades   _____

inondations   _____

glissements de terrains   _____

autres   _____

7. Votre incapacité à:

atteindre un orgasme   _____

obtenir une érection   _____

rencontrer un partenaire sexuel   _____

vivre vos penchants sexuels   _____

8. Vos inquiétudes au sujet de vos enfants:

maladie   _____

départ du foyer _____

accidents _____

votre fille célibataire enceinte _____

arrivée de problèmes _____

cessent de vous aimer _____

9. Votre insatisfaction de:

votre apparence _____

votre manque de connaissances _____

vos inaptitudes _____

autres _____

10. Seriez-vous:

découragé _____

pessimiste _____

désappointé _____

frustré _____

triste (mélancolique) _____

dépressif _____

apitoyé sur votre sort _____

11. Entretiendriez-vous:

de la colère _____

de la haine _____

de la jalousie _____

de l'hostilité _____

de l'envie _____

de la culpabilité _____

de l'insécurité _____

de l'inquiétude _____

la crainte de l'échec _____

Vos besoins

> *«Ce qui nous trompe, quant à la nature même de l'avenir... c'est tout simplement l'ignorance où vivent la plupart d'entre nous quant à leurs véritables désirs, rêves ou besoins.»*
>
> Denis de Rougement

Par votre fidélité et votre constance à bien remplir toutes les grilles de ce livre et à écrire votre livre *Moi*, vous établirez où vous en êtes, découvrant ainsi vos besoins réels.

Au fait, qu'est-ce qu'un besoin? C'est Kaufman qui en donne la définition la plus simple et la plus complète: *«On établit ce qu'on possède, on détermine ce qu'on veut posséder. La différence entre les deux? Son besoin.»* Si on a 1 $ en poche et qu'on en veuille 10, notre besoin est de 9 $. Il ne restera alors qu'à établir de quelle manière on ira chercher cette somme: en travaillant? en la volant? en l'empruntant? en la quêtant? Plusieurs choix s'offriront toujours à nous.

Si vous n'êtes pas satisfait de vos présents progrès, c'est que vos besoins ne sont pas clairement établis, vos objectifs pas bien définis. Il est reconnu que la vie de chacun se compose de compartiments bien précis et que la réussite dans chacun de ces domaines apporte l'équilibre requis à assurer son bonheur. Si vous découvrez une ou des faiblesses dans l'un ou l'autre de ces domaines, voyez s'il s'agit d'un besoin à combler. Si oui, transformez-le en objectif à atteindre.

Le monde appartient aux insatisfaits. Ceux qui sont satisfaits ont cessé d'évoluer. On se doit de vraiment savoir ce qu'on veut pour accéder à un bonheur constant.

Vous connaissez sans doute l'échelle des besoins humains telle qu'elle a été établie par Abraham Maslow. Dès qu'un besoin est comblé, on passe au suivant. Les voici:

1. Manger, boire et respirer (besoins fondamentaux).
2. Stimulation sexuelle (exploration et activités).
3. Demeurer en santé, assurer son gagne-pain et ses vieux jours (besoins de sécurité).

4.   Participation à la vie sociale, besoin de contact avec les autres.

5.   Être apprécié et estimé.

6.   L'épanouissement de son être.

Le secret réside dans le pouvoir de tenir ses besoins comblés et d'en jouir au maximum.

On n'a aucun problème à découvrir ses besoins fondamentaux. Si on ne mange, ni ne boit, ni ne respire, on meurt!

Le deuxième besoin est implicite.

Vos besoins de sécurité sont-ils satisfaits? Êtes-vous en bonne santé? Si vous ne l'êtes pas, quels gestes devez-vous faire pour le devenir, quelles habitudes devez-vous changer? Aimez-vous votre travail? N'y aurait-il pas place à amélioration dans ce domaine? Votre retraite est-elle bien planifiée? Votre vie sociale est-elle satisfaisante?

Les profils d'évaluation qui suivent vous aideront à clarifier vos besoins réels pour éviter toute confusion au sujet des buts que vous voulez atteindre. En effet, l'incertitude quant à vos besoins crée ce désarroi qui vous empêche d'atteindre vos objectifs. Bien informé de vos désirs, votre subconscient les souhaitera plus que vous-même. Il saura organiser et réunir les ressources nécessaires à vous faire réussir. En tout temps, joignez les gestes à vos pensées. Si vous voulez accomplir, il n'y a pas de substitut à agir! Faites les gestes appropriés et vous renforcerez vos désirs. Se contenter de parler de ses intentions au lieu d'agir se veut l'ultime saboteur d'objectifs. Tout progrès provient des expériences matérialisées, non pas de pensées pieuses.

Où en suis-je? C'est le point de départ de la découverte de tous vos besoins à convertir en objectifs. C'est le seul endroit à partir duquel vous pouvez obtenir une amélioration. Vous découvrirez où vous en êtes, *ici, maintenant, sans vous juger*, en constatant seulement. Cette prise de conscience et son acceptation objective vous empêcheront de répéter vos erreurs passées.

La démarche ainsi enclenchée vous conduira à la connaissance de qui vous êtes.

Voici les grilles *Profil d'évaluation* pour chaque sphère de votre vie. Inscrivez un A (actuel) ou un S (souhaité) dans les cases appropriées. Tracez une ligne de façon continue (pleine pour les A, pointillée pour les S) entre chaque carreau. La ligne pointillée vous indiquera vos carences à traduire en besoins. Si certains besoins sont indispensables à votre cheminement, transformez-les en objectifs à atteindre.

Chaque question, chaque constatation deviennent matière à approfondir dans votre livre *Moi*.

Pour certains, les réponses à ces grilles les aideront à améliorer, sinon à corriger leurs points faibles sans avoir à utiliser la méthode de fixation des objectifs.

Toutefois, le plupart utiliseront la méthode enseignée plus loin dans ce livre pour combler leurs besoins.

PROFIL D'ÉVALUATION PERSONNELLE

NOTE: Plusieurs questions s'appliquent à d'autres profils d'évaluation. J'évite donc de les répéter inutilement, sachant qu'on pourra en faire le rapprochement.

A: Actuel (_____) S: Souhaité (_____)

	NON	UN PEU	ASSEZ	BEAUCOUP	TOUJOURS
1. Est-ce que je connais bien mes peurs[1]?					
2. Ai-je réussi à vaincre la plupart de mes peurs?					
3. Est-ce que j'accepte ce que je ne puis changer?					
4. Suis-je prêt à modifier les idées que je devrais changer?					
5. Suis-je capable de prendre rapidement des décisions?					
6. Est-ce que je persévère malgré les échecs?					
7. Est-ce que j'entretiens habituellement des idées positives?					
8. Est-ce qu'on me consulte souvent? 9. Suis-je habituellement le leader de mon groupe d'amis?					
10. Est-ce que je connais bien tous mes besoins?					
11. Est-ce que je me fixe des buts précis à atteindre?					

---

1. J'énumère ci-dessous des peurs courantes. Ajoutez les vôtres et que j'ai peut-être omises. Scrutez-les et écrivez au sujet de celles qui vous tenaillent: leurs origines, le degré d'anxiété qu'elles vous créent, ce qu'elles vous empêchent de faire, les gestes faits pour vous en départir: la mort, la maladie, les foules, l'éloignement de son environnement habituel, les ponts et tunnels, les grandes villes, l'avion et autres moyens de transport en commun, les critiques d'autrui, la vieillesse, la perte d'un être cher, la pauvreté, la réussite, ne pas être à la hauteur, les éléments naturels (vents, orages...), la perte de son emploi, la guerre, etc. En écrivant de façon exhaustive au sujet de ces peurs, on pourra en découvrir les origines, les comprendre et sans doute s'en défaire au moyen de la méthode enseignée ici.

	NON	UN PEU	ASSEZ	BEAUCOUP	TOUJOURS
12. Ai-je confiance en l'avenir?					
13. Est-ce que je pense mériter le meilleur de la vie?					
14. Ai-je le sentiment de vraiment vivre?					
15. Est-ce que je cherche en tout temps à m'améliorer?					
16. Est-ce qu'on me craint (parce que je serais fort ou futé)?					
17. Suis-je habituellement de bonne humeur?					
18. Est-ce que j'évite de remettre au lendemain ce que je dois faire aujourd'hui?					
19. Est-ce que j'aime rencontrer de nouvelles personnes?					
20. Suis-je à l'aise devant les personnes d'autres races, langues et religions?					
21. Suis-je content de mon sort?					
22. Suis-je une personne ordonnée?					
23. Est-ce que je prends soin en tout temps de mon apparence?					
24. Est-ce que je sais faire ressortir le meilleur chez les autres?					
25. Ma vie sexuelle me satisfait-elle?					
26. Ma vie amoureuse me satisfait-elle?					
27. Suis-je en contrôle des situations inattendues?					
28. Suis-je responsable en tout?					
29. Peut-on en tout temps se fier à moi?					
30. Ma première réaction face à une crise est-elle objective?					
31. Est-ce que je gère bien mes inquiétudes?					
32. Ai-je habituellement confiance en moi?					

	NON	UN PEU	ASSEZ	BEAUCOUP	TOUJOURS
33. Est-ce que je me dégage aisément des sentiments de culpabilité?					
34. Est-ce que je donne facilement raison aux autres?					
35. Est-ce que je gère bien mes frustrations?					
36. Est-ce que je gère bien le stress?					
37. Est-ce que je refuse d'être influencé par ce que les autres pensent de moi?					
38. Suis-je empathique envers les autres (suis-je vraiment à l'écoute)?					
39. M'est-il facile d'éviter de juger les autres?					
40. Suis-je tolérant face aux imperfections des autres?					
41. Est-ce que je fais moi-même mes choix (plutôt que de laisser les autres décider pour moi)?					
42. Puis-je *facilement* me passer d'alcool ou d'autres drogues pour me rassurer?					
43. Est-ce que je sais bien me servir de mon imagination pour orienter mes futures actions?					
44. Ai-je une haute opinion de ma personne?					
45. Est-ce que j'évite de parler maladie, accident, échec et autres sujets pessimistes?					
46. Suis-je capable d'évaluer mes talents et mes aptitudes?					
47. Est-ce que je possède l'audace suffisante à entreprendre l'impossible?					
48. Suis-je amoureux de quelqu'un?					
49. Suis-je heureux?					
50. Est-ce que je parviens à nommer mes attitudes, tant positives que négatives?					

	NON	UN PEU	ASSEZ	BEAUCOUP	TOUJOURS
51. Suis-je capable de freiner mes pensées négatives?					
52. Suis-je capable de jouir du moment présent sans le laisser gâcher par les lendemains?					
53. Est-ce que mes sens sont tous et en tout temps en éveil?					
54. Suis-je habituellement calme?					
55. Est-ce que je me considère comme le seul et unique responsable de tout ce qui m'arrive?					
56. Suis-je en tout temps réaliste?					
57. Même sous pression, est-ce que je sais demeurer objectif?					
58. Ai-je de la facilité à dire ce que je pense?					
59. Est-ce que je sais être mon seul maître?					
60. Est-ce que j'admets que ma sécurité ne peut venir que de moi?					
61. Est-ce que je sais facilement m'adapter aux circonstances extérieures?					
62. Est-ce que j'évite de me prendre au sérieux?					
63. Est-ce que je prends rapidement mes décisions plutôt que de tergiverser?					
64. Suis-je à l'aise en présence d'une personne de l'autre sexe?					
65. Suis-je à l'aise face au changement, à l'inconnu?					
66. Est-ce que je pardonne facilement?					
67. Est-ce que j'ignore la rancune?					
68. Suis-je à l'aise avec les habitudes personnelles des autres?					
69. Puis-je me défaire facilement des sentiments de remords et de culpabilité?					

	NON	UN PEU	ASSEZ	BEAUCOUP	TOUJOURS
70. Suis-je habituellement fidèle à mes principes?					
71. Suis-je habituellement capable d'exprimer ce que je ressens?					
72. Suis-je précis dans mes explications?					
73. Est-ce que je puis m'exprimer facilement en public?					
74. Puis-je faire abstraction de ce que je connais sur un sujet pour le reconsidérer?					
75. Quand j'analyse une situation, est-ce que je comprends bien mes motivations?					
76. Quand j'analyse une situation, est-ce que je tente de comprendre le point de vue des autres?					
77. Suis-je à l'aise dans la solitude?					
78. Est-ce que je connais bien mes points forts?					
79. Est-ce que je connais bien mes talents et mes aptitudes?					
80. Y a-t-il équilibre entre toutes les sphères de ma vie (personnelle, familiale, etc.)?					
81. Ai-je établi ce qui est le plus important dans ma vie?					
82. Est-ce que je peux facilement exprimer ma tristesse?					
83. Est-ce que je peux facilement exprimer ma joie?					
84. Est-ce que je peux facilement exprimer ma colère?					
85. Suis-je capable de vivre à fond mes émotions?					
86. Est-ce que j'aime faire l'amour?					
87. Suis-je capable de partager mes désirs intimes avec mon partenaire?					
88. Est-ce que je fais l'amour aussi souvent que je le souhaiterais?					

	NON	UN PEU	ASSEZ	BEAUCOUP	TOUJOURS
89. Est-ce que je me connais vraiment bien?					
90. Suis-je bien dans ma peau?					
91. Est-ce que je travaille à mieux me connaître?				/	
92. Est-ce que je connais bien les activités dans lesquelles j'excelle?					
93. Est-ce que je connais bien les activités dans lesquelles j'éprouve des difficultés?					
94. Est-ce que j'affiche en tout temps un sourire détendu et authentique?					
95. Est-ce que je sais demeurer calme quand les autres s'affolent?					
96. Suis-je habituellement heureux?					
97. Est-ce que j'arrive à me concentrer facilement sans être dérangé par les bruits environnants?					
98. Est-ce que je conserve habituellement mon sang-froid face aux mauvaises nouvelles?					
99. Est-ce que je sais facilement m'adapter aux nouvelles situations difficiles?					
100. Est-ce que j'aime les contacts physiques?					
101. Est-ce que j'arrive à facilement me confier à un ami ou à un amant?					
102. Est-ce que ma qualité de vie est stimulante?					
103. Suis-je satisfait de l'endroit où je vis?					

PROFIL D'ÉVALUATION FAMILIALE

A: Actuel (_____) S: Souhaité (_____)

		NON	UN PEU	ASSEZ	BEAUCOUP	TOUJOURS
1.	Suis-je présent à tout ce qui touche mes proches?					
2.	Est-ce que je respecte les opinions différentes des miennes, des membres de ma famille?					
3.	Est-ce que je connais bien mes devoirs envers ma famille?					
4.	Est-ce que j'oublie facilement les désaccords intervenus avec ma famille?					
5.	Suis-je satisfait du logis que j'habite?					
6.	Est-ce que je favorise les rencontres familiales?					
7.	Est-ce que je manifeste mon amour aux membres de ma famille?					
8.	Est-ce que j'établis le dialogue avec mes proches?					
9.	Est-ce que je dialogue avec mon conjoint?					
10.	Est-ce que je consulte les membres de ma famille avant de prendre des décisions qui les concernent?					
11.	Si je ne suis pas propriétaire d'une maison, est-ce que je veux le devenir?					
12.	Suis-je habile à faire le vide, une fois ma journée de travail terminée?					
13.	Ma famille est-elle aussi importante que mon travail?					
14.	Suis-je capable de dire non quand il le faut?					
15.	Est-ce que je préviens mon conjoint lorsque je dois être en retard?					

	NON	UN PEU	ASSEZ	BEAUCOUP	TOUJOURS
16. Est-ce que je complimente facilement les membres de ma famille?					
17. Est-ce que je sais respecter l'intimité de chacun?					
18. Est-ce que je donne vraiment ma pleine attention quand on me parle?					
19. Suis-je à l'aise avec la réaction d'un proche qui serait différente de la mienne?					
20. Est-ce que je sais bien concilier mon travail et ma vie de famille?					
21. Mon foyer présente-t-il un climat accueillant?					
22. Mon conjoint et moi sommes-nous habituellement d'accord au sujet des enfants?					
23. Mes enfants se confient-ils facilement à moi?					
24. Est-ce que j'accompagne mes enfants à leurs joutes sportives?					
25. Suis-je présent aux activités scolaires de mes enfants?					
26. Est-ce que chaque membre de ma famille a son coin personnel, à la maison?					
27. Discute-t-on ouvertement des questions sexuelles, à la maison?					
28. Est-ce que j'offre des présents (ou des fleurs) à mon conjoint en dehors des occasions conventionnelles?					
29. Si je suis avec le même conjoint depuis assez longtemps, est-ce que je lui parle encore d'amour?					
30. Suis-je heureux avec mon conjoint?					
31. Est-ce que je connais bien les forces et les faiblesses de mon conjoint?					
32. Est-ce que je m'amuse en compagnie de mon conjoint?					

PROFIL D'ÉVALUATION
CARRIÈRE ET TRAVAIL

A: Actuel (_____) S: Souhaité (_____)

	NON	UN PEU	ASSEZ	BEAUCOUP	TOUJOURS
1. Ai-je les compétences requises pour bien faire mon travail[1]?					
2. Est-ce que je possède un bon esprit d'organisation?					
3. Suis-je efficace au travail?					
4. Suis-je positif en tout et en tout temps?					
5. Ai-je confiance en moi?					
6. Suis-je toujours ponctuel?					
7. Suis-je persévérant?					
8. Est-ce qu'on écoute facilement mon point de vue?					
9. Mon esprit est-il en tout temps clair, précis et ordonné?					
10. Est-ce que je discerne et apprécie facilement les idées des autres?					
11. Est-ce que je crois pouvoir aller de l'avant, quelle que soit mon instruction?					
12. Suis-je loyal et honnête en tout temps?					
13. Est-ce que je donne toujours 100 % de moi-même?					
14. Suis-je assez autonome pour décider de mes choix?					

---

1. En raison de la première question de la grille précédente, j'en ajoute une qui vous permettra de prendre conscience de vos compétences et de noter comment vous les avez acquises.

	NON	UN PEU	ASSEZ	BEAUCOUP	TOUJOURS
15. Ai-je un plan de carrière bien établi?					
16. Est-ce que je travaille à augmenter mes connaissances utiles au travail?					
17. Est-ce que je conserve en tout temps mon sang-froid au cours des discussions et des conflits?					
18. Est-ce que je tolère facilement d'être interrompu dans mon travail?					
19. Est-ce que je tolère d'être interrompu quand je parle?					
20. Suis-je à l'écoute des autres?					
21. Mon plan de retraite est-il bien planifié?					
22. Suis-je un gagnant?					
23. Suis-je capable de me concentrer sur les éléments importants d'une situation?					
24. Mon travail me motive-t-il?					
25. Suis-je enthousiaste, au travail?					
26. Est-ce que je supporte bien la compétition?					
27. Puis-je tolérer les erreurs des autres?					
28. Suis-je capable d'accepter la pleine responsabilité de mes erreurs?					
29. Est-ce que je sais tirer profit de mes erreurs?					
30. Est-ce que je persévère même si les choses tournent mal?					
31. Suis-je capable de me motiver sans l'aide des autres?					
32. Est-ce que je prépare mes horaires en fonction de mes tâches à accomplir?					
33. Suis-je capable de rapidement distinguer les éléments importants d'une situation?					

	NON	UN PEU	ASSEZ	BEAUCOUP	TOUJOURS
34. Est-ce que ma conduite inspire le respect de la part de mes compagnons de travail?					
35. Est-ce que j'aime mon présent travail?					
36. Si je n'aime pas mon présent travail, est-ce que je sais quel emploi j'aimerais obtenir?					
37. Est-ce que j'aime rencontrer les gens importants?					
38. Ai-je de l'ordre en tout?					
39. Est-ce que je traite toujours mes subalternes en égaux?					
40. Suis-je habile à déléguer plutôt que de vouloir à tout prix voir à tout?					
41. Est-ce que je pense à fonder ma propre entreprise?					
42. Suis-je satisfait de mes conditions de travail présentes?					
43. Mes chances d'avancement sont-elles bonnes?					
44. Est-ce que je règle les conflits rapidement?					
45. Est-ce que je m'efforce de bien connaître mes collègues de travail?					
46. Est-ce que je félicite facilement les autres?					
47. Est-ce que je cherche habituellement de nouvelles idées pour améliorer mon travail?					
48. Suis-je capable d'obéir autant que de commander?					
49. Est-ce que j'aime travailler en équipe?					
50. Est-ce que j'assume bien les situations nouvelles?					
51. Pourrais-je facilement m'adapter à un nouvel emploi dans un autre domaine?					

	NON	UN PEU	ASSEZ	BEAUCOUP	TOUJOURS
52. Puis-je négocier de façon objective avec une personne qui m'est antipathique?					
53. Mon travail me permet-il de mettre à profit mes aptitudes et mes talents?					
54. Est-ce que mon travail m'enthousiasme?					
55. Est-ce que je possède toutes les qualités requises à mon travail?					
56. Est-ce que mon emploi me permet l'utilisation de mes ressources de façon satisfaisante?					
57. Mon milieu de travail convient-il à mon besoin de relations humaines?					
58. Est-ce que je connais les heures où je suis le plus productif?					
59. Mon travail convient-il à mon genre de vie?					

Saisissez cette occasion pour découvrir si votre travail correspond à vos talents. Un changement d'orientation dans votre plan de carrière ne serait-il pas plus enrichissant si vous pouviez utiliser davantage vos talents naturels? Il vous est permis de trouver autant de plaisir à votre travail que dans vos loisirs.

Si vous éprouvez des difficultés à établir quelles sont vos compétences naturelles ou apprises, ne vous gênez pas pour demander à votre entourage immédiat de vous aider à en compléter la liste. Un autre point de repère pour votre livre *Moi!*

Pour vous aider à vous y retrouver, j'ajoute ici, à titre d'exemple, une liste de compétences qui s'appliquent à différents milieux de travail. Ajoutez-y les vôtres, s'il y a lieu.

Analyse de données
Analyse de statistiques
Assemblage
Autres langues écrites
Autres langues parlées
Capacité de persuasion
Collecte de fonds
Collecte et gérance de cotisations
Consultation
Coordination d'événements sociaux
Coordination d'informations
Création de nouvelles idées
Cuisine
Délégation de pouvoirs
Délégation de tâches
Démonstrations
Dessin
Dextérité manuelle
Distribution de l'information
Élaboration de statistiques
Enquêtes
Enseignement
Entretien
Esprit méthodique
Estimation du potentiel d'un marché
Expérience des rapports humains
Expression orale
Fabrication
Formation d'individus
Gestion de budgets
Gestion d'une entreprise
Intérêt envers les animaux
Interview de gens
Jardinage

Lecture d'états financiers
Maîtrise du texte écrit
Médiation de conflits
Mise à jour de dossiers
Montage de schémas
Négociation de contrats
Organisation de congrès
Organisation de débats
Organisation de séminaires
Planification d'échéanciers
Planification d'horaires
Présidence de réunions
Programmation d'ordinateur
Publication d'un ouvrage
Réception de plaintes
Recherche de l'information
Recherches
Recrutement du personnel
Rédaction de contrats
Rédaction de lettres
Rédaction de procès-verbaux
Rédaction de rapports
Relation d'aide
Réparation d'objets
Sollicitation de clients
Solution de problèmes
Supervision d'employés
Synthèses d'événements
Traduction
Travail de bureau
Utilisation d'un ordinateur
Vente
Vérification de comptes

Vos compétences

MES COMPÉTENCES	COMMENT LES AI-JE ACQUISES?

EXEMPLE D'ÉVALUATION DES COMPÉTENCES REQUISES PAR VOTRE CARRIÈRE

Vous voulez devenir lecteur de nouvelles à la radio.

A: Actuel (_____) S: Souhaité (_____)

	NON	UN PEU	ASSEZ	BEAUCOUP	TOUJOURS
1. Est-ce que j'aime parler en public?				A	S
2. Puis-je lire un texte parfaitement à première vue?		A			S
3. Suis-je à l'aise devant un microphone?			A		S
4. Suis-je toujours au courant de l'actualité?				A S	
5. Est-ce que je connais le langage du métier?				A S	
6. Suis-je toujours ponctuel?	A				S
7. Ma diction est-elle parfaite?			A		S

Votre évaluation

1. Vous devez *toujours* être à l'aise devant un public. Vous aimez le faire *beaucoup*. Votre besoin, ici, est très léger et ne pas le transformer en objectif ne devrait pas présenter de problème.

2. Vous devez *toujours* être excellent en lecture et vous ne l'êtes qu'*un peu*. Besoin profond. À changer en objectif.

3. Vous devez *toujours* être à l'aise devant un microphone alors que vous l'êtes *assez*. Besoin à transformer en objectif.

4. Vous vous tenez au courant de l'actualité. Bien! D'autant plus que l'accessibilité à l'actualité par les services d'un poste de radio combleront vos besoins à ce niveau.

5. Vous connaissez *assez* le langage du métier et c'est ce que requiert le poste. Aucun besoin.

6. Vous *n'êtes pas* ponctuel alors que le métier d'annonceur exige une ponctualité sans faille. Si vous choisissez de ne pas changer ce besoin en objectif pour acquérir cette qualité, postulez un emploi où la ponctualité n'est pas indispensable.

7. Votre diction étant seulement *assez* parfaite, vous pourriez vous inscrire à des cours de diction pour combler cette lacune. Celui à qui correspondraient les résultats de cette grille d'évaluation ferait face à deux choix:

   a) Conserver son objectif final, qui est de devenir lecteur de nouvelles. Dans ce cas, il devra transformer une à une ses faiblesses en objectifs à atteindre et prendre les moyens nécessaires pour combler ses lacunes.

   b) Décider qu'il n'a pas le goût d'apporter les changements requis et laisser tomber son but de devenir lecteur de nouvelles. Le fait d'avoir rempli la grille, cependant, lui aura permis de prendre conscience de ne plus se préoccuper de la question. Il en aura fait le tour et pris la décision qui s'impose.

LES COMPÉTENCES REQUISES PAR VOTRE CARRIÈRE

Cette grille servira à établir les besoins requis par votre carrière. Sélectionnez ceux que vous devez absolument combler en tenant compte des critères suivants:

1.	votre impression d'incompétence devant la tâche;
2.	les pressions de l'autorité;
3.	la crainte d'être congédié;
4.	l'espoir d'une augmentation de votre revenu;
5.	le plaisir que vous devriez éprouver à votre travail.

Vous pourriez choisir de combler d'autres besoins par souci de perfectionnement.

R: Requises par la tâche: _____ P: Présentes: _____

Inscrivez ici les compétences requises pour votre plan de carrière.

JE DOIS ÊTRE CAPABLE DE	NUL	FAIBLE	MOYEN	BON	TRÈS BON	EXCELLENT

PROFIL D'ÉVALUATION FINANCIÈRE

A: Actuel (_____) S: Souhaité (_____)

	NON	UN PEU	ASSEZ	BEAUCOUP	TOUJOURS
1. Est-ce que je vis selon mes moyens?					
2. Est-ce que j'utilise un budget?					
3. Est-ce que je fais régulièrement des épargnes?					
4. Est-ce que je jouis d'un bon crédit?					
5. Ai-je un régime de retraite adéquat?					
6. Ai-je des objectifs financiers déterminés?					
7. Suis-je plus économe que dépensier?					
8. Mon revenu annuel se compare-t-il à ceux d'autres personnes de mon âge?					
9. Mon emploi présent pourra-t-il répondre à mes besoins financiers?					
10. Suis-je prévoyant?					
11. Est-ce que j'évite les jeux de hasard?					
12. Est-ce que j'utilise mon argent avec discernement?					
13. Si j'ai à acquitter des paiements, est-ce que je le fais à temps?					
14. Est-ce que je voudrais plus d'argent que j'en ai?					

PROFIL D'ÉVALUATION LOISIRS

A: Actuel (_____) S: Souhaité (_____)

		NON	UN PEU	ASSEZ	BEAUCOUP	TOUJOURS
1.	Suis-je satisfait des loisirs que je m'accorde?					
2.	Est-ce que je m'adonne à un passe-temps passionnant?					
3.	Est-ce que je m'accorde suffisamment de moments libres personnels?					
4.	Suis-je capable de m'amuser facilement?					
5.	Ai-je suffisamment d'amis avec qui partager mes loisirs?					
6.	Est-ce que je prends suffisamment de vacances?					
7.	Est-ce que je m'accorde des périodes suffisantes de relâche?					
8.	Durant mes moments de loisir, suis-je capable d'oublier mon travail?					
9.	Est-ce que j'aime les jeux de société (cartes, etc.)?					
10.	Est-ce que je m'adonne à la pratique d'un ou de plusieurs sports que j'aime?					
11.	Suis-je capable de flâner simplement sans me sentir coupable?					
12.	Est-ce que j'aime les jeux de compétition?					
13.	Suis-je habile au jeu?					
14.	Est-ce que j'aime les sports de compétition?					
15.	Suis-je habile dans les sports?					
16.	Est-ce que je me réserve suffisamment de temps pour mes loisirs?					
17.	Est-ce que je respecte le temps planifié pour mes loisirs?					

PROFIL D'ÉVALUATION SANTÉ

A: Actuel (_____) S: Souhaité (_____)

		NON	UN PEU	ASSEZ	BEAUCOUP	TOUJOURS
1.	Est-ce que je m'alimente sainement?					
2.	Est-ce que je jouis d'une bonne qualité de sommeil?					
3.	Est-ce que je fais régulièrement de l'exercice?					
4.	Mon apport quotidien de vitamines et de minéraux suffit-il?					
5.	Puis-je dire que je suis en excellente santé?					
6.	Suis-je autant en forme que les autres personnes de mon âge?					
7.	Suis-je plus en forme que les autres personnes de mon âge?					
8.	Suis-je un conducteur prudent?					
9.	Est-ce que je suis en tout temps les règles de sécurité?					
10.	Est-ce que ma consommation d'alcool est modérée?					
11.	Est-ce que je m'abstiens de fumer?					
12.	Mon poids est-il normal?					
13.	Est-ce que je résiste bien aux situations stressantes?					
14.	Est-ce que ma vie sexuelle est satisfaisante?					
15.	Est-ce que j'évite les drogues sous toutes leurs formes?					
16.	Est-ce que je m'abstiens habituellement de médicaments?					
17.	Est-ce que je m'abstiens habituellement de sucre et de farine raffinés?					

	NON	UN PEU	ASSEZ	BEAUCOUP	TOUJOURS
18. Est-ce que je bois suffisamment de liquides (eau, jus...)?					
19. Est-ce que je consomme régulièrement des fruits et des légumes frais?					
20. Est-ce que je me fais examiner les dents à intervalles réguliers?					
21. Est-ce que je fais attention aux gras dans mon alimentation?					
22. Suis-je libre de toute phobie?					
23. Suis-je libre de toute superstition (horoscopes, cartomanciennes, etc.)?					
24. Suis-je énergique?					
25. Ma coordination est-elle bonne?					
26. Suis-je en aussi bonne forme que je le voudrais?					

PROFIL D'ÉVALUATION SCOLAIRE, INTELLECTUELLE ET CULTURELLE

A: Actuel (_____) S: Souhaité (_____)

	NON	UN PEU	ASSEZ	BEAUCOUP	TOUJOURS
1. Est-ce que je possède le bagage d'études nécessaire à mon travail?					
2. Suis-je prêt à suivre des cours pour augmenter mon revenu?					
3. Est-ce que j'aime les études?					
4. Suis-je satisfait de mes connaissances actuelles?					
5. Suis-je au courant des événements de l'heure?					
6. Est-ce que j'aime ce qui touche la musique?					
7. Est-ce que j'aime ce qui touche la peinture?					
8. Est-ce que j'aime ce qui touche la littérature?					
9. Puis-je dire que je suis cultivé?					
10. Suis-je habituellement de bonne humeur?					
11. Ai-je de l'intuition?					
12. Est-ce que je possède un bon sens de l'humour?					
13. Suis-je satisfait de mon niveau de scolarité?					
14. Est-ce que je me tiens au courant des actualités?					
15. Suis-je amateur de jeux de l'esprit (échecs, mots croisés, etc.)?					
16. Est-ce que je parle une ou des langues étrangères?					
17. Suis-je satisfait de mes capacités intellectuelles?					

	NON	UN PEU	ASSEZ	BEAUCOUP	TOUJOURS
SI JE SUIS AUX ÉTUDES:					
18. Est-ce que je dispose d'un endroit sans bruit pour étudier?					
19. Est-ce que je continue à étudier même si j'éprouve des difficultés à cerner un problème?					
20. Est-ce que ma concentration est bonne?					
21. Est-ce que je mets les efforts nécessaires même si je déteste l'enseignant ou la matière?					
22. Est-ce que j'accorde suffisamment de temps à mes études comparativement à mes autres activités?					
23. Est-ce que je prépare et suis un horaire de travail pour mes études?					
24. Est-ce que je remets mes travaux à temps?					
25. Est-ce que je planifie correctement mes périodes d'études et de repos?					
26. Est-ce que j'arrive à noter avec précision mes notes de cours?					
27. Est-ce que je souligne les passages importants de mes lectures pour m'y retrouver?					
28. Est-ce que j'ajoute mes commentaires personnels à ce que j'apprends et lis?					
29. Est-ce que je classe mes notes de cours et de lecture de manière à m'y retrouver facilement?					
30. Ai-je de la facilité à dégager l'idée principale d'un texte?					
31. Est-ce que je me fais un plan détaillé avant d'aborder la rédaction d'un travail?					
32. Est-ce que je demande l'aide des autres si je ne comprends pas suffisamment?					
33. Suis-je capable de garder mon calme avant un examen?					

PROFIL D'ÉVALUATION SOCIALE

A: Actuel (_____) S: Souhaité (_____)

	NON	UN PEU	ASSEZ	BEAUCOUP	TOUJOURS
1. Est-ce que j'aime la compagnie des autres?					
2. Suis-je habituellement disponible aux autres?					
3. Suis-je en tout temps poli et courtois?					
4. Suis-je discret?					
5. Est-ce que je possède un bon sens de l'humour?					
6. Suis-je capable ET de commander ET d'obéir?					
7. Ai-je de nombreux amis?					
8. Ai-je l'impression qu'on m'aime?					
9. Suis-je à l'aise en compagnie des autres?					
10. Me confie-t-on des postes clés dans les associations sociales?					
11. Est-ce que je fais habituellement preuve d'esprit d'entraide envers mes connaissances?					
12. Est-ce que je fais preuve d'esprit d'entraide envers tous ceux que je rencontre?					
13. Suis-je généreux dans mes échanges avec les autres?					
14. Est-ce que j'agis envers les autres comme je voudrais qu'ils agissent avec moi?					
15. Suis-je honnête et loyal dans mes échanges avec les autres?					
16. Suis-je exempt de jalousie, d'envie?					
17. Est-ce que j'évite les rancunes et la haine?					
18. Suis-je capable de donner sans rien attendre en retour?					

	NON	UN PEU	ASSEZ	BEAUCOUP	TOUJOURS
19. Suis-je habitué à remercier ceux qui me rendent service?					
20. Suis-je capable de dire aux autres que je les aime?					
21. Est-ce que je souris facilement?					
22. Est-ce que j'évite en tout temps de ridiculiser les autres?					
23. Est-ce que j'évite en tout temps de me vanter?					
24. Est-ce que je complimente facilement les autres?					
25. Est-ce que j'évite devant tous, grands ou petits, de jouer les snobs?					
26. Suis-je capable de dire non quand on exige trop de moi?					
27. Est-ce que je perçois bien le degré d'évolution des autres?					
28. Est-ce que je laisse pleine liberté aux autres?					
29. Est-ce que j'aime la compagnie des autres?					
30. Est-ce que je rends les autres facilement à l'aise avec moi?					
31. Est-ce que je fais habituellement preuve de tact?					
32. Est-ce qu'on me considère comme une personne sociable?					
33. M'arrive-t-il de changer d'opinion sur quelqu'un?					
34. Ai-je des amis de milieux différents?					
35. Est-ce que, dans ma vie, il y a quelqu'un à qui je puisse tout confier?					
36. Ai-je des amis intimes des deux sexes?					
37. Est-ce que je conserve habituellement mes amis?					

	NON	UN PEU	ASSEZ	BEAUCOUP	TOUJOURS
38. Est-ce que je base mes décisions envers les autres uniquement sur les faits plutôt que d'être influencées par mes sentiments?					
39. Suis-je à l'aise pour parler en public?					
40. Suis-je satisfait de mes relations présentes?					
41. Suis-je engagé dans un ou des projets communautaires?					
42. Si on me met en garde contre quelqu'un, suis-je capable de former ma propre opinion?					

L'évaluation spirituelle

Je crois que les valeurs spirituelles sont essentielles au bonheur et à la santé mentale de tout être humain.

Les professionnels de la santé mentale tendent à ramener de plus en plus leurs patients vers la pratique de leur religion parce qu'ils s'aperçoivent qu'elle s'avère efficace là où d'autres ont échoué.

On se rend désormais compte que certaines pratiques telles que la méditation, la contemplation, la prière et d'autres rituels d'ordre spirituel agissent au plus profond de l'âme.

Spiritualité n'est pas nécessairement synonyme de religion.

Quoi qu'il en soit, on revient de plus en plus à une forme de spiritualité, y découvrant ce qu'on recherche pour soulager ou pour guérir ses tourments, et comme nouvelle source d'inspiration.

VOS VALEURS

A: Actuel (_____) S: Souhaité (_____)

	NON	UN PEU	ASSEZ	BEAUCOUP	TOUJOURS
1. Suis-je honnête en tout temps?					
2. Est-ce que je pardonne facilement?					
3. Est-ce que j'évite d'être rancunier?					
4. Suis-je en tout temps respectueux des lois?					
5. Suis-je en tout temps respectueux de mes engagements envers les autres?					
6. Mes principes sont-ils plus importants que mon plaisir?					
7. Est-ce que j'éprouve de la compassion pour les autres?					
8. Mes valeurs morales sont-elles élevées?					
9. Est-ce que je travaille sans cesse à m'améliorer?					
10. Est-ce que je surveille en tout temps mes propos sur les autres?					
11. Mes principes moraux sont-ils plus importants que mes amis?					
12. Suis-je suffisamment charitable envers ceux qui ont besoin?					
13. Est-ce que je crois en une force supérieure?					
14. Est-ce que je me laisse aller à éprouver entièrement mes émotions?					
15. Si je sens le besoin de pleurer, est-ce que je le fais?					
16. Ai-je établi les valeurs qui me tiennent le plus à cœur?					
17. Ma vie a-t-elle une dimension spirituelle?					

	NON	UN PEU	ASSEZ	BEAUCOUP	TOUJOURS
18. Suis-je en paix avec moi-même?					
19. Est-ce que je m'adonne à certaines pratiques telles que la méditation, la prière ou autre?					
20. Est-ce que j'éprouve de la gratitude pour les bienfaits qui sont miens?					
21. Suis-je ouvert à percevoir le caractère sacré de l'ordinaire?					

Vos expériences

«Beaucoup de souvenirs, ou le souvenir de beaucoup de choses, c'est ce qu'on nomme expérience.»

Thomas Forbes

Vous avez honnêtement (face à vous-même, souvenez-vous) rempli les grilles qui précèdent. Vous connaissez donc déjà la plupart de vos besoins à transformer en autant d'objectifs à atteindre.

Je vous suggère maintenant d'autres grilles qui vous aideront à vous connaître encore plus profondément.

Pour compléter ce voyage de votre connaissance de vous-même, souvenez-vous, pour chaque domaine de la vie, de toutes vos expériences vécues, heureuses ou malheureuses. Procédez par ordre chronologique, ce sera plus facile. Évidemment, chaque expérience est devenue un apprentissage. Pour pouvoir établir une sorte de patron de vos réactions face à ces apprentissages, indiquez quelle satisfaction ou insatisfaction vous avez retirée de chacun. Ne vous contentez pas de relater des faits; rappelez-vous les sentiments éprouvés. Ces expériences peuvent être des faits vécus, des événements spéciaux, des personnes rencontrées, des amitiés perdues ou encore des expériences sexuelles.

Vous manquerez sans doute d'espace pour tout inscrire. Reproduisez ces grilles sur d'autres feuilles et commentez le tout dans votre livre *Moi*. Prenez plus d'une ligne par apprentissage, s'il le faut.

VOS EXPÉRIENCES PERSONNELLES

Inscrivez un X dans la case appropriée.

SATISFACTION

ANNÉE	LIEU	EXPÉRIENCE	APPRENTISSAGE	NULLE	FAIBLE	MOYENNE	BONNE	TRÈS BONNE	EXCELLENTE

VOS EXPÉRIENCES FAMILIALES

Inscrivez un X dans la case appropriée.

SATISFACTION

ANNÉE	LIEU	EXPÉRIENCE	APPRENTISSAGE	NULLE	FAIBLE	MOYENNE	BONNE	TRÈS BONNE	EXCELLENTE

VOS EXPÉRIENCES
DE CARRIÈRE ET TRAVAIL

Inscrivez un X dans la case appropriée.

SATISFACTION

ANNÉE	LIEU	EXPÉRIENCE	APPRENTISSAGE	NULLE	FAIBLE	MOYENNE	BONNE	TRÈS BONNE	EXCELLENTE

VOS EXPÉRIENCES FINANCIÈRES

Inscrivez un X dans la case appropriée.

				SATISFACTION					
ANNÉE	LIEU	EXPÉRIENCE	APPRENTISSAGE	NULLE	FAIBLE	MOYENNE	BONNE	TRÈS BONNE	EXCELLENTE

VOS EXPÉRIENCES DE LOISIRS

Inscrivez un X dans la case appropriée.

SATISFACTION

ANNÉE	LIEU	EXPÉRIENCE	APPRENTISSAGE	NULLE	FAIBLE	MOYENNE	BONNE	TRÈS BONNE	EXCELLENTE

VOS EXPÉRIENCES DE SANTÉ

Inscrivez un X dans la case appropriée.

SATISFACTION

ANNÉE	LIEU	EXPÉRIENCE	APPRENTISSAGE	NULLE	FAIBLE	MOYENNE	BONNE	TRÈS BONNE	EXCELLENTE

VOS EXPÉRIENCES SCOLAIRES, INTELLECTUELLES, CULTURELLES

Inscrivez un X dans la case appropriée.

SATISFACTION

ANNÉE	LIEU	EXPÉRIENCE	APPRENTISSAGE	NULLE	FAIBLE	MOYENNE	BONNE	TRÈS BONNE	EXCELLENTE

VOS EXPÉRIENCES SOCIALES

Inscrivez un X dans la case appropriée.

ANNÉE	LIEU	EXPÉRIENCE	APPRENTISSAGE	SATISFACTION					
				NULLE	FAIBLE	MOYENNE	BONNE	TRÈS BONNE	EXCELLENTE

VOS EXPÉRIENCES SPIRITUELLES

Inscrivez un X dans la case appropriée.

SATISFACTION

ANNÉE	LIEU	EXPÉRIENCE	APPRENTISSAGE	NULLE	FAIBLE	MOYENNE	BONNE	TRÈS BONNE	EXCELLENTE

L'image de soi

«Ce qu'un homme pense de lui-même, voilà ce qui règle ou plutôt indique son destin.»

Henry David Thoreau

Chaque individu, selon les psychologues, se compose de trois personnes : celle qu'il pense être, celle qu'il est en réalité, et celle qu'il voudrait que les autres pensent qu'il est. Ajoutons-en une quatrième : celle qu'il peut devenir.

Aucun facteur n'affecte autant son comportement et sa manière d'être que l'image qu'on a de soi. Ce n'est ni l'âge ni les circonstances externes qui limitent l'individu. Il se limite en raison de l'image qu'il a de lui-même à la suite de ses expériences passées, et souvent, pour ne pas dire surtout, des attentes qu'on a eues de lui. Les changements les plus draconiens et les plus durables se produisent quand l'homme abandonne le concept de son ego.

La plupart de nos défaites passées sont attribuables à la mauvaise image qu'on a de soi. Elles proviennent d'idées d'inaptitude, de limite, de pauvreté, d'insécurité et même de laideur et d'abandon. On a dépensé une somme d'énergie inimaginable à tenter de combler, chez soi, des carences de personnalité et de caractère dont on ne souffrait même pas.

Malheureusement, cette image de soi concorde avec des suggestions qu'on a reçues de sources qu'on respectait, croyait et aimait. On tenait alors ces suggestions pour vraies. Sans vouloir vous blesser, peut-être vos bien-aimés parents et professeurs vous ont-ils affublés d'adjectifs tels que stupide, sans-cœur, paresseux, vaurien, etc. On vous a peut-être sans cesse redit des remarques qui ressemblent à celles-ci : «Je ne vois pas ce que tu pourras faire de bon dans la vie!», «Tu cours tout droit à l'échec!», «Tu ne seras jamais quelqu'un de bien!» Se pourrait-il que des notes pas toujours encourageantes aient orné vos bulletins scolaires? Votre religion ne serait-elle pas partiellement responsable de la culpabilité qui vous habite?

Alors que vous étiez à parfaire vos habiletés, on vous a suggéré la panoplie des qualités souhaitables qu'on trouve chez les gens bien éduqués, sans tenir compte de qui vous étiez. Autrement dit, on vous a façonné à devenir un personnage que vous n'êtes pas.

Écrivez! J'y reviens toujours. Vous découvrirez alors pourquoi vous vous sentez coupable et pourquoi vous vous apitoyez sur votre sort. Cherchez la provenance des autres facteurs qui vous donnent cette image d'un soi médiocre. Vous pourrez ainsi vous injecter des suggestions aptes à vous immuniser contre ces chantages émotionnels.

Quand vous aurez atteint une nouvelle compréhension plus réaliste de qui vous êtes, votre habileté à produire, dans tous les domaines de la vie, en sera décuplée. Les plus grandes réussites seront à votre portée. Vous vous surprendrez à surpasser vos propres attentes et celles des autres malgré les remous provoqués par votre nouvelle attitude.

Ce qui est important pour *vous*, c'est ce que *vous*, vous jugez l'être. D'autres pourraient tenter de vous en détourner pour que vous vous occupiez à combler leurs besoins. Ne cédez plus à ce jeu.

Votre subconscient est responsable de l'image que vous avez de vous-même. Il peut fausser cette image à cause des incertitudes et des craintes que lui inflige votre conscient. Ce dernier tente d'établir qui vous êtes et qui vous n'êtes pas, de quoi vous êtes capable ou non, ce que vous aimez ou détestez. Votre conscient n'a de cesse de lui faire ressentir des conceptions et des croyances imprécises, souvent dangereuses. Les grilles de ce livre et vos écrits vous mèneront à l'image réelle de qui vous êtes, votre vraie image de soi. Vous cesserez alors de jouer un rôle et vous verrez s'élargir les portes de vos possibilités.

Chaque être humain est en constant processus de changement. On doit d'abord accepter ce concept qui permettra de se défaire du sens de permanence auquel on s'attache habituellement. Ceux qui nient cette évidence se figent dans le statu quo. Concentrez vos énergies à découvrir la partie de vous qui ne change pas: c'est lui, votre vrai *vous*. C'est l'approche du centre de *qui vous êtes* qui vous guidera vers le vrai *vous*. Dès lors, vous ne craindrez plus les changements qui s'accomplissent en vous et autour de vous parce qu'ils deviendront partie intégrante de votre nature profonde.

Combien ne vivent qu'à travers les autres? J'en connais, et peut-être en connaissez-vous, qui se collent à ceux qui sont publiquement connus, fussent-ils d'anciennes vedettes de la chanson, politiciens ou d'autres personnages occupant ou ayant occupé des fonctions élevées. Ces gens ne reconnaissent habituellement pas leurs propres capacités et croient retirer un certain prestige à connaître des personnages en place ou l'ayant été pour ainsi faussement se valoriser.

La découverte de vos besoins que vous convertirez en désirs, en objectifs, apportera chez vous des changements à tous les points de vue, peut-être même votre allure physique. C'est surtout votre perception des événements et de vous-même qui évoluera. Prétendre que ces changements se feront sans efforts est utopique. Vous devez avoir le désir de vaincre les obstacles qui ne manqueront pas de surgir sur votre route, mais rappelez-vous que désir et volonté n'ont pas la même signification. Vous agirez en fonction de vos désirs et vous aurez le goût de faire les gestes nécessaires sans avoir à utiliser votre volonté pour ressentir ce besoin d'action. Ce genre d'effort conduit à l'échec, vous le savez maintenant. C'est votre imagination qui travaillera.

Pour conserver une bonne image de vous-même, recherchez et développez en tout temps un attrait vraiment puissant envers un motif supérieur. Ceci devient plus pressant au matin de la retraite. Non seulement continuerez-vous alors d'être fier de vous, mais votre esprit gardera votre corps en santé pendant plusieurs années additionnelles parce que vous aurez conservé ou donné un sens à votre vie. Ce motif supérieur peut tout aussi bien être votre participation à une œuvre de charité qu'une forme d'aide aux handicapés. Peindre, apprendre à jouer d'un instrument de musique ou toute autre dimension qui créera, chez vous, un élan constant vers la poursuite d'un idéal pour vous dépasser deviendra ce motif supérieur qui vous permettra de conserver cette belle image de vous.

Chapitre 3

SE FIXER DES OBJECTIFS

Le subconscient

Qu'on l'appelle cerveau, esprit ou subconscient, il existe en soi un esprit universel, une puissance infinie qu'on peut consulter et prier pour obtenir l'aide nécessaire à matérialiser ses désirs les plus chers.

J'ai lu, quelque part, cette légende de la création de l'homme par les dieux de l'Olympe. La voici. L'un de ces dieux dit: «Pourquoi ne pas créer l'homme à notre image et lui donner cette puissance créatrice qui nous habite et nous permet de réaliser tous nos désirs?» Un deuxième dieu renchérit: «Excellente idée, encore faudrait-il cacher cette puissance en un endroit où il en réalisera l'importance, en la cherchant pour ainsi jouir de cette incommensurable découverte!» Le troisième s'enquit: «Mais où donc cacher ce trésor inestimable?» «Au seul endroit où l'homme n'aura pas l'idée de regarder!» dit alors Zeus. «Où cela?» s'enquirent les autres dieux. «En lui-même, dans son cerveau!»

C'est précisément là qu'ils enfouirent cette infinie puissance créatrice que nous appelons esprit, subconscient, âme.

Cette puissance infinie est si merveilleuse qu'elle connaît le secret de la naissance de l'enfant. Elle enfouira dans son cerveau les plus qu'infimes fils qui y relieront les cent milliards de neurones qui s'y trouvent. C'est cette puissance qui formera la structure complexe de son corps. Elle fera battre son cœur, filtrer l'air par ses poumons et le sang par ses reins. Elle permettra à son estomac de digérer sans intervention externe.

Quand on parle des milliards de neurones du cerveau humain qui communiquent entre eux au moyen d'impulsions électriques, il devient évident qu'on ne peut que le comparer à un puissant ordinateur. Notre corps serait ce qu'on nomme le *hardware*, c'est-à-dire le boîtier et les composantes physiques de l'ordinateur: disque dur, CD-ROM, carte de son, etc. Notre cerveau contiendrait le disque dur sur lequel on a gravé les différents programmes utilisables. Le quotient intellectuel d'un individu se comparerait à la capacité de l'ordinateur.

Chez l'humain, ces programmes, les aptitudes et les talents, y auraient été insérés pendant la conception. C'est ce qui expliquerait les propensions et les habiletés plus marquées des uns vers la musique, la peinture et les arts, alors que d'autres se dirigeraient vers les affaires, la mécanique, les professions conventionnelles ou dans tout autre champ d'action.

Tout ce que nous enregistrons au moyen de nos cinq sens et de nos autres moyens de perception au cours de la journée est stocké dans l'un des programmes. Notre subconscient trie, codifie et classifie ces renseignements pendant nos heures de sommeil, tel l'ordinateur qui indexe les données reçues. Il travaille jour et nuit, sans repos, et agit d'abord en fonction de nos désirs dominants pour nous les retourner en réalité virtuelle.

J'évite d'entrer dans les détails de cette comparaison. Je pense toutefois qu'il peut être rassurant de concevoir que lorsque le *hardware* devient périmé, on conserve les programmes pour les transférer dans un nouvel ordinateur. Le corps meurt, mais l'âme subsiste.

Le subconscient reçoit donc et enregistre des impressions provenant des sens, sans tenir compte de leur nature. C'est pourquoi on peut y implanter toute visualisation qu'on veut transformer en son équivalent concret.

On en ignore plus qu'on en sait sur ce fameux subconscient, mais il peut résoudre tous les problèmes si on apprend à l'imprégner de ses désirs. Cette puissance infinie, si on le lui demande, peut conduire l'homme vers des sommets auxquels il n'ose même pas rêver.

Lâchée dans la nature, cette puissance infinie assure ce merveilleux équilibre qui résiste malgré les efforts de l'homme pour l'anéantir. Cette même puissance est beaucoup plus importante en lui qu'en toute autre créature. Il est la forme de création la plus élevée de l'univers.

Vous n'êtes pas responsable de ce que vous êtes devenu en raison de votre éducation? Ce que vous deviendrez désormais ne dépend plus que de vous.

Vous voulez plus d'argent? Une nouvelle maison? La reconnaissance et l'appréciation? Une vie familiale heureuse? Puisez dans cette puissance et vous réaliserez vos désirs.

Jusqu'ici, les *si* vous ont peut-être joué de vilains tours: «Si j'étais plus grand! Si j'étais plus mince! Si j'étais plus intelligent! Si j'étais plus instruit!» Vous êtes pourtant entouré d'exemples de réussite de gens qui, dès leurs débuts, ont agi et pensé en fonction de ce qu'ils ont voulu accomplir et réussir. Le regretté Pierre Péladeau, le fondateur de l'empire Quebecor, n'était pas tellement grand, physiquement, mais lui se voyait grand. Il se visualisait en géant. Il l'est devenu. Beethoven était sourd! Lincoln était chétif et laid. Napoléon, le petit caporal, fut sans doute le plus petit, mais le plus grand empereur de l'histoire. Soit dit en passant, ne vous laissez jamais influencer par la *hauteur* d'une personne: ce n'est qu'une mesure. C'est plus haut que les épaules que se jauge sa *grandeur*.

Là où vous vous voyez petit, les autres vous voient ainsi. Mais là où vous vous verrez grand, les autres vous verront grand aussi. Penser et se créer une réussite importante ne requiert pas plus d'énergie que de penser à l'échec, à l'insuccès.

Remplissez votre cerveau de pensées de réussite, d'amour, d'amitié, d'argent, de bonheur et de santé. La puissance infinie qui vous habite créera alors une sorte de courant qui circulera dans les nerfs et les muscles de votre corps, pour aboutir à votre système nerveux central qui réagira automatiquement pour suivre aveuglément les ordres reçus de votre subconscient.

Maintenant que vous savez que votre subconscient ne prend jamais de repos, implantez-y tous vos souhaits. Si vous ne le faites pas, ce sont les autres qui l'exploiteront à leurs fins plutôt qu'aux vôtres.

Refusez qu'on imprègne votre subconscient d'impulsions négatives.

Ne vous évertuez pas à essayer de vous souvenir de tout. Une fois votre subconscient informé, il vous retournera ce dont vous avez besoin au moment opportun.

Si c'est par votre conscient que vous enregistrez les nouvelles informations auxquelles vous avez accès et que vous utilisez votre pouvoir de choisir, votre subconscient, lui, emmagasine tout ce qui se produit dans votre vie. Il vous retourne par automatisme, sans l'intervention de votre conscient, vos habitudes acquises.

Le secret: visualiser des situations, des circonstances, des bienfaits matériels désirés, des réussites. La visualisation précise de ce qu'on veut obtenir créera la vie physique à partir du domaine de l'esprit. À ce moment, et même si la science en ignore encore le principe actif, une merveilleuse loi du magnétisme mental attirera tout ce qu'on réussira à imaginer de façon concrète, tangible et parfaite. Choisissez donc des pensées qui ne vous attireront que ce qui est bon pour vous.

L'idée de construire une maison, tant qu'elle ne demeure qu'une idée, n'est rien d'autre que de l'énergie mentale qui prendra une forme physique en construisant vraiment cette maison. Quel qu'en soit le domaine, l'idée est tout aussi réelle que la matière. Elle en possède la même dimension effective et solide.

Si on entretient des pensées négatives dans son esprit, elles se concrétiseront. Ce n'est pas en semant une graine d'ivraie qu'on récoltera une rose. C'est sans doute ce qui explique le phénomène des *jinxs*, c'est-à-dire ceux à qui il n'arrive qu'une suite d'incidents et d'accidents fâcheux. Certains sèment, la semaine durant, de la mauvaise graine et prient, le dimanche, pour qu'elle ne lève pas.

Soyez à l'écoute de cette puissance qui vous habite. Plus que vous-même, elle désire votre bonheur. Combien de musiciens, d'écrivains, de peintres et autres créateurs ont parlé de cette puissance intérieure qui les a aidés à créer des chefs-d'œuvre? Ils parlent alors d'inspiration. Après l'avoir créé, on contemple son chef-d'œuvre pour se demander si c'est vraiment soi qui l'a réalisé, tellement cette inspiration semble en être l'auteur. Elle s'est simplement servie de soi pour en réaliser les traits concrets.

Cette puissance intérieure connaît tous les processus psychiques, physiologiques et chimiques qui fonctionnent en vous. C'est elle qui vous a créé au grand complet. Elle connaît les secrets de la terre, des mers, de l'univers, des galaxies. C'est elle qui est à la base de toute vie.

Résumons. Tout ce que nous voyons n'est rien d'autre que des pensées cristallisées, de l'énergie mentale figée en matière. La graine de la réalité plantée dans notre cerveau crée précisément le monde dans lequel nous vivons.

Nous savons déjà que notre cerveau est capable d'accomplir et de faire accomplir à notre corps une foule d'activités automatiques. Activités de routine... Mais la vraie, la merveilleuse capacité de cette puissance infinie qui nous habite, c'est celle de penser, de réfléchir, de choisir, pour imaginer, pour visualiser et pour créer. Pourtant, devant ces fonctions supérieures, nous nous contentons de traiter notre cerveau comme une sorte de juke-box mécanique à utiliser avec modération, à des occasions vraiment spéciales.

Si le génial Einstein prétendait n'utiliser qu'environ 15 % de ses facultés potentielles, dans quel pourcentage utilisons-nous donc les nôtres? En augmentant un tant soit peu l'utilisation de nos propres facultés, ne pourrions-nous pas nous réaliser beaucoup plus? N'est-il pas stupéfiant de constater que seules quelques personnes aboutissent à une vie heureuse, alors que toutes les autres doivent sans cesse se battre pour ne parvenir qu'à de piètres résultats?

Selon l'individu, cela prend de 3 à 21 répétitions *espacées* d'un même geste, d'une même suggestion ou d'une même visualisation pour se l'intégrer, s'en créer une nouvelle habitude. La plupart des individus ont acquis une nouvelle habitude après huit répétitions.

Quand j'enseigne le tennis, j'explique, dès le début des leçons, la théorie des deux «MOI» de Thimothy Gallwey, un éminent entraîneur. Il nomme le conscient: MOI numéro 1, et le subconscient: MOI numéro 2. Voici ce qu'il explique. Par la répétition des mêmes gestes faits (de 3 à 21 fois espacées, selon l'individu), le corps, par le subconscient (MOI numéro 2), s'en crée l'habitude et sait comment agir et réagir sans l'intervention du MOI numéro 1. Celui-ci, le conscient, cause des ennuis dès qu'il commence à se mêler des affaires du subconscient. Pour laisser agir le MOI numéro 2, on doit trouver le truc qui gardera le MOI numéro 1 branché sur le présent, l'*ici, maintenant*. Au tennis, Gallwey suggère de concentrer tellement son attention sur la balle en jeu sans jamais la quitter des yeux, que le MOI numéro 1 ne pourra même plus penser à intervenir dans jeu lui-même. C'est en atteignant cet état de concentration que les joueurs livrent leurs meilleurs matchs.

On vous demande le nom de quelqu'un. Vous le connaissez, mais vous n'arrivez pas à le dire. Vous ne cessez d'y penser, et plus vous vous efforcez de vous en souvenir, moins vous y arrivez. Vous laissez tomber. Tout à coup, sans que vous n'y ayez repensé, ce nom vous revient à l'esprit. C'est que votre subconscient, ce superordinateur, a tout en mémoire pour vous remettre ce dont vous avez besoin au moment propice. Il s'agit de le lui demander et de le laisser accomplir son boulot. Dès qu'intervient votre conscient, votre subconscient tient pour acquis que vous n'avez pas besoin de ses services et il se tient coi.

Si vous conduisez une automobile, il vous est sans doute arrivé, une fois rendu à destination, de ne pas vous souvenir du trajet emprunté. Vos pensées étaient ailleurs. Inquiet, vous vous demandez comment il se fait que vous soyez arrivé sans incident fâcheux. C'est votre subconscient qui vous a guidé et vous n'avez jamais été en aussi grande sécurité.

Le sportif qui pratique fait et refait sans cesse le même jeu. Le pianiste de concert ne cesse de répéter les mêmes pièces de musique choisies pour les exécuter sans fausse note devant son public. Ils le font pour en imbiber leur subconscient qui emmagasine les souvenirs pour les leur restituer automatiquement au besoin.

Les échecs de toutes sortes, autant que les fausses notes de musique, surviennent quand le conscient, le MOI numéro 1, s'en mêle.

Quand vous aurez appris à remettre les activités de votre existence entre les mains de cette puissance infinie qui vous habite, vous cesserez de commettre des erreurs pour devenir apte en tout temps à faire les bons choix. Vous aurez développé cette force intuitive qu'on appelle le sixième sens, que vous suivrez aveuglément pour vous retrouver en tout temps dans la bonne situation. C'est par la fusion au présent des deux premiers MOI que se crée le MOI numéro 3, celui qui frôle la perfection, ajoute Gallwey. C'est l'état de grâce total.

Une fois une nouvelle habitude acquise, je le répète, celle-ci s'ancre dans votre subconscient qui vous la retournera, au besoin, sans que votre conscient ait à intervenir. D'ailleurs, quand vous aurez confié une mission à votre subconscient, canalisez l'intérêt de votre conscient ailleurs. Occupez-le à une distraction reposante ou faites-le travailler à d'autres objectifs moins importants pour vous, permettant ainsi à votre subconscient de travailler en paix.

C'est dans votre subconscient que vous conservez vos émotions refoulées et les souvenirs que vous avez endormis. Ils conditionnent pourtant vos présentes émotions. C'est à ce niveau, par l'écriture, qu'il vous faudra chercher les secrets enfouis qui vous libéreront de vos craintes et vous permettront dorénavant d'être en tout temps objectif.

À l'aide des moyens que je mets à votre disposition dans ce livre, c'est votre subconscient que vous solliciterez. C'est par lui que vous obtiendrez tout ce que votre pensée peut vous suggérer: santé, union heureuse, argent, maison. Je vous rappelle que votre esprit supérieur ne vous permettra pas de désirer ce qui ne vous serait pas accessible.

Rêver

«Un désir auquel on se cramponne, un rêve auquel on croit très fort, est déjà une réalité.»

Claire France

Le manque de compréhension de soi est responsable de nos échecs. On lève nos propres barrières et on fixe nos propres limites. Si on s'attend à peu, c'est ce qu'on obtiendra.

Pourtant, le potentiel qui habite l'homme est illimité. Pourquoi, alors, lui imposer des limites?

Il y a en vous de la créativité, de l'originalité, même du génie. Il n'en tient qu'à vous d'oser utiliser cette magnifique combinaison.

Débarrassez-vous de ce qui vous nuit. Fixez-vous des objectifs plus élevés, progressivement, pour enfin réaliser des rêves qui, aujourd'hui, peuvent vous sembler inaccessibles ou farfelus.

Aujourd'hui est le premier jour du reste de votre vie! Que chaque jour, donc, marque un renouveau, un recommencement. Le passé? Fini! Les remords? Vous ne pouvez rien y changer! Aujourd'hui! Ce jour! Voici la seule réalité.

À compter de maintenant, exigez l'abondance. Exigez ce qu'il y a de mieux. Exigez des autres... Exigez de la vie... Exigez l'aide dont vous avez besoin... Exigez la reconnaissance et le respect auxquels vous avez droit! Rêvez et exigez! Pourquoi donc ne pas vous laisser aller à imaginer des rêves d'une telle grandeur qu'ils surprendront les autres par leur audace!

De fait, quelle est la pire réponse que vous puissiez obtenir à la suite d'une demande? «Non!» Exigez, demandez, et vous obtiendrez. Si vous ne demandez rien, il est évident que vous n'obtiendrez rien!

En ce jour de la fête du Canada, j'écoutais le message du Premier ministre du pays qui invitait la population à *rêver*... Rêver de grandes et belles réalisations qui n'auraient plus qu'à se matérialiser. Il citait en exemple Julie Payette, la première astronaute canadienne, qui avait rêvé de le devenir dès son plus jeune âge. Que dire de l'une des plus grandes chanteuses de notre époque, Céline Dion? Son gérant, devenu son époux, s'émerveillait devant la visualisation de sa toute jeune protégée qui, sans difficulté, se voyait atteindre les plus hauts sommets de son métier de chanteuse.

Jamais personne n'a accompli autant que Jean Drapeau en si peu de temps pour sa ville, sa province et son pays. Le métro, l'Exposition universelle de 1967, l'avènement du baseball majeur à Montréal, les Jeux olympiques de 1976, et j'en passe. Drapeau était un visionnaire. Toutes ses réalisations sont parties de sa capacité de visualiser avec précision les événements et les résultats de ses rêves. Il savait combler ses propres lacunes en s'adjoignant des acolytes qui possédaient les qualités ou les talents qui lui manquaient.

Si vous tenez à quelqu'un ou à quelque chose, battez-vous! Si jamais vous devez abandonner un de vos rêves, remplacez-le immédiatement par un autre.

La motivation

«Personne ne peut s'intéresser à un homme qui, les yeux fixés au sol, regarde si la fortune ne placera pas un portefeuille sur son chemin.»

Pablo Picasso

Votre motivation doit émaner de vous, et de vous seul. Nos parents, nos éducateurs et nos entreprises utilisent souvent les récompenses ou les châtiments pour nous motiver. Les gouvernements œuvrent dans le même sens. Ils votent des lois répressives pour punir nos manquements.

L'humain s'habituant à tout, ces pressions deviennent vite inopérantes. Vos valeurs personnelles doivent devenir assez sûres pour que rien de l'extérieur ne puisse motiver ou démotiver votre action.

La motivation personnelle s'apprend. Elle s'appuie sur les changements que vous opérerez en vous.

Les grilles que je vous propose et que vous aurez remplies fidèlement vous feront découvrir quelles attitudes mentales intérieures, quelles pensées, quelles émotions vous devez changer pour mettre en branle votre motivation personnelle. Rappelez-vous: de 3 à 21 répétitions (espacées, bien sûr), en état de détente, et vous aurez acquis cette nouvelle habitude souhaitable.

Les souhaits passent, les vrais désirs demeurent et président à l'action. Par l'exemple ou en paroles, il est probable que votre entourage (parents, éducateurs et autres) vous ait appris à combler vos besoins minimums quotidiens. Vivez dorénavant armé du désir profond de réussite. C'est ce qui déclenchera chez vous le déploiement des efforts nécessaires.

«La trace d'un rêve n'est pas moins réelle que celle d'un pas», a dit Georges Duby, historien français. Dès que vous décidez d'atteindre un objectif, passez immédiatement à l'action. Faites les premiers pas, les premiers gestes requis. Agissez en faisant comme si vous aviez déjà atteint cet objectif. Il ne lui restera plus qu'à se matérialiser.

Votre manière de penser préside tant à votre réussite qu'à un possible échec. Alors que tous les ingrédients de réussite sont à votre portée, il se peut que votre habitude de penser à la défaite, de paresser ou de remettre à plus tard vous empêche de remarquer la présence de ces ingrédients.

Une fois l'objectif fixé, imprégnez-vous de la résolution inconditionnelle de suivre votre plan. Soyez tenace! C'est ainsi que vous produirez l'énergie nécessaire à votre réussite. Pour ce faire, préparez un plan tellement détaillé que votre pensée en sera cristallisée. Ajoutez une date finale de réalisation. Persévérez en dépit de tout et de tous!

«Le besoin crée le génie», dit le proverbe. Soyez excessivement précis dans vos désirs! Pourquoi avez-vous besoin de plus d'argent? Pour voyager? Pour acheter une maison, une nouvelle automobile? Faites le geste. Achetez-la, cette voiture. Ne craignez rien. Ce faisant, vous vous serez créé le besoin de la payer et, par la méthode de la *fixation des objectifs*, vous trouverez l'argent nécessaire à le faire.

Il est primordial que vous connaissiez à fond la branche que vous avez choisie. Lisez, renseignez-vous, fréquentez les experts en la matière. Si vous voulez réussir en affaires, évitez les contemplatifs, fréquentez les gens d'affaires. Si les arts vous intéressent, rencontrez des artistes.

Emmagasinez tout le bagage possible sur les sujets qui vous passionnent. Votre subconscient vous en retournera les éléments utiles, au besoin.

Quand on dit que l'anticipation est presque aussi bonne que la chose, vous en apprécierez le bien-fondé à chaque étape de la réalisation d'un de vos objectifs. C'est pourquoi il est important de toujours garder des objectifs en chantier. C'est ce qui tient l'être humain en vie et en santé. Des retraités décèdent dans les quelques mois suivant leur retraite parce qu'ils se sont sentis dépaysés après avoir travaillé durant 20, 30, 40 années au même endroit. Ne s'étant pas créé d'autres buts à atteindre, ils sont devenus démunis et désemparés. Il ne leur restait plus qu'à disparaître.

La motivation n'est pas innée. Elle naît de l'habitude de toujours travailler à concrétiser un objectif quelconque. C'est ce qui assure les réussites.

Personne d'autre que vous ne connaît avec exactitude les buts que vous poursuivez. Vous êtes le seul à pouvoir faire tous les gestes utiles à l'atteinte de vos buts. C'est précisément la définition claire et précise de vos objectifs qui déclencheront votre motivation à franchir toutes les étapes nécessaires.

Vous le faites pour vous, vous décidez vous-même et vous bougez. Les autres n'ont rien à y voir, si ce n'est d'être là au bon moment pour que vos buts se réalisent.

Bien motivé, vous posséderez votre sujet à fond. On vous écoutera et on vous aidera parce que vous saurez expliquer avec clarté ce que vous attendez. Vous percevrez les détails qui échappent aux autres et vous saurez relier entre eux les faits et les événements pertinents. On rate habituellement, on lâche avant la fin si nos besoins ne sont pas assez clairement établis. On doit les transformer en objectifs à visualiser avec la précision et la clarté requise pour qu'ils se matérialisent.

Si vous en êtes rendu à ce stade de ce livre, vous avez donc répondu aux différents tests d'évaluation. Vous vous connaissez beaucoup plus et vous avez découvert vos besoins réels. Cette prise de conscience vous amènera à agir pour que vous développiez, chez vous, cette précieuse motivation personnelle.

Quelle est la différence entre le succès et l'échec? La persévérance. Par moments, tout vous incitera à lâcher. Vous ne le ferez pas parce que vous aurez acquis les connaissances nécessaires et que vous aurez su vous entourer de gens susceptibles de vous aider à concrétiser vos objectifs.

Soyez actif, votre motivation en sera décuplée. Bougez, passionnez-vous pour quelque chose. Aucune activité n'est meilleure qu'une autre. Choisissez celles avec lesquelles vous vous sentez à l'aise et qui vous motivent.

Si vous ne ressentez pas de motivation, c'est que vous errez dans la mauvaise sphère. Si le but que vous poursuivez ne crée pas en vous cette sorte de fixation qui vous exalte, qui vous fascine au point de devenir un leitmotiv et qui vous fait vivre un état voisin de l'euphorie, votre motivation fait défaut. Vous devriez alors vous interroger sur la pertinence de poursuivre ce but. Quand la poursuite d'un objectif vous fera ressentir cet état d'âme incommensurable, vous n'aurez pas besoin de vous employer à inventer votre motivation. Elle croîtra en vous, et qui plus est, vous saurez que cet objectif vous convient particulièrement.

Vos objectifs

L'homme (...) qui réussit, c'est celui qui parvient à transmuer en réalités les fantaisies de ses désirs.»

Sigmund Freud

La réussite, c'est l'atteinte de tous vos objectifs. Vous les déterminerez clairement, avec précision. Vous apprendrez à établir les étapes nécessaires à les atteindre et à ajuster votre tir en fonction des besoins du moment. Au fur et à mesure qu'ils surgiront, vous saurez reconnaître les obstacles à surmonter. Dans ce but, nous verrons plus loin comment résoudre systématiquement les problèmes.

Vos objectifs doivent être personnels, à la hauteur de *votre* échelle des valeurs, de *vos* désirs et de *vos* propres besoins. Vous évoluerez dans le sens positif dès que vous commencerez à remettre sérieusement en question les valeurs qu'on vous a transmises et apprises. Vous développerez celles qui répondent à *vos* besoins.

Que chacun de vos objectifs soit assez important pour vous exciter virtuellement et susciter en vous un intérêt tel que vous n'en avez jamais connu. Si vous restez oisif, votre corps ne créera pas d'énergie puisqu'il n'en aura pas besoin. Commencez à vous engager systématiquement dans la poursuite d'un objectif précis. Vous serez alors surpris de voir croître en vous une énergie nouvelle, à la mesure de cet objectif.

Entre-temps, tentez de découvrir un objectif qui vous amènera à aider les autres: vos enfants, un parent, peut-être un ami, une œuvre humanitaire? Ne pensez qu'à vous, ne vivez que pour vous et la puissance qui vous habite ne vous retournera que les forces vitales nécessaires à exister, à subsister. C'est une loi de la nature. Même si on ne peut en expliquer la raison, cette nature décuplera vos énergies et vos forces si vos objectifs tendent vers l'amélioration du sort de votre entourage ou de l'humanité.

Vous connaissez sans doute des personnes qui détestent leur travail. Elles y passent leur vie entière par crainte de perdre certains avantages tels que des fonds de retraite, des assurances collectives ou d'autres avantages sociaux. Tel qui rêvait de devenir humoriste, en avait tous les talents. Un oncle bien placé lui a cependant trouvé un *emploi «stable»*. Il pensait n'occuper cet emploi que temporairement, histoire de gagner suffisamment d'argent pour payer ses cours d'humoriste. L'entourage immédiat constatait bien ses talents, mais on lui indiquait l'incertitude du métier. On lui conseillait de ne pas abandonner un emploi aussi sécurisant. La routine s'est installée. Il a passé sa vie à s'ennuyer et à regretter de ne pas avoir suivi sa première passion. Il avait oublié de se fixer comme objectif précis de tout faire pour devenir humoriste. Son ennuyeux travail «stable» lui a continuellement sapé ses énergies. Il souffrit bientôt d'hypertension artérielle, d'ulcères d'estomac et d'autres bobos. Il n'a jamais compris que ces malaises provenaient de son ennui, et que le manque d'énergie qui l'habitait dépendait du fait qu'il n'avait pas su répondre à son besoin.

Si vous adorez ce que vous faites, tout votre être en frémit de santé, d'énergie et d'enthousiasme. La santé mentale et physique est vôtre. La réussite vient en supplément.

Plusieurs personnes, aujourd'hui démunies face à leur avenir, ne le craindraient plus si elles savaient comment utiliser cette puissance qui les habite. Elles sauraient se créer un futur à leur goût, sans peur, comblées de satisfactions constantes.

Je suis retourné aux études en 1983. Nous étions 24 adultes qui devaient passer deux années et demie ensemble à suivre un cours de formation en éducation des adultes selon les méthodes andragogiques. Huit d'entre nous seulement ont terminé ce cours. Pourquoi? Parce qu'il s'agissait d'un cours sans encadrement où les apprenants établissaient eux-mêmes leurs apprentissages, chacun tenant compte de ses aptitudes. Ce fut désorientant pour plusieurs, qui ont toujours vécu dans un entourage structuré par les autres. Je me souviens qu'au tout début de ce cours, on avait abordé le sujet de la technologie moderne. Ces adultes provenaient de différents milieux, mais tous possédaient des études avancées: infirmières, enseignants, hommes d'affaires... Ce fut presque l'hystérie collective. Une peur névrotique s'est emparée du groupe. «Que feront de nous les gouvernements, une fois nos emplois perdus à cause de l'informatique?» Seulement quatre d'entre nous pensaient que l'avènement de la haute technologie améliorerait la vie de chacun.

Depuis ce temps, bien sûr, on a vécu de nombreuses mises à pied. Plusieurs, justement, qui n'osaient quitter un emploi qu'ils n'aimaient pas – par crainte de perdre des avantages et des fonds de retraite –, ont trouvé une nouvelle voie en créant leur propre entreprise. «Que va-t-il m'arriver?» au lieu de «Comment constater et agir?» marque le début de l'échec.

Je me souviens aussi qu'une des participantes à ce cours avait tourné en dérision la *technique de fixation des objectifs* par la visualisation: «Tu visualises avec précision un but, un objectif, et il se réalise. Ha! Ha!» Mais oui, ça fonctionne! J'espère seulement qu'il n'est pas trop tard et que ce livre tombera entre tes mains. Tu pourrais alors changer ces traits de défaite qui marquaient ton visage crispé pour qu'il reflète enfin toute ta beauté, tant intérieure qu'extérieure.

Votre livre *Moi* vous a fait découvrir vraiment. Vous connaissez maintenant vos besoins réels. Tout comme vous, ils évolueront, mais vous saurez dorénavant dépister vos nouveaux besoins. Vous avez choisi ceux que vous voulez changer en objectifs? Il est maintenant temps de commencer à les concrétiser...

Tout objet matériel, comme toute réussite, provient d'abord de la pensée juste, d'un état d'esprit bien disposé, d'idées précises et d'un plan d'organisation.

Au début, et pour vous familiariser avec la fixation des objectifs, consignez par écrit certains gestes qui s'y rapportent et que vous comptez faire le lendemain. Noter ces gestes les impose consciemment à votre subconscient, qui préside à leur réalisation. Une fois cette habitude prise, commencez à travailler à des étapes plus avancées, mais simples. Assurez-vous de la limpidité, de la clarté et de la précision de vos objectifs. C'est à cette seule condition qu'ils deviendront une matière concrète et palpable.

C'est le souci du détail qui marquera la différence entre la réussite et l'insuccès. Dès le départ, donc, visualisez chaque détail de ce que vous voulez obtenir. S'il s'agit d'une maison, représentez-la-vous dans ses moindres détails, de son apparence extérieure aux poignées de portes intérieures.

Vous vous croyez trop âgé? Ray Crock avait 52 ans quand il a fondé l'empire MacDonald. Le colonel Sanders avait plus de 66 ans quand il a mis son poulet frit à la Kentucky sur le marché mondial. Napoleon Hill avait 80 ans quand il fonda l'Académie de réussite personnelle. C'est sans doute l'activité que ces gens-là ont déployée qui leur a permis de vivre à un âge aussi avancé.

Ayez confiance en qui vous êtes, en ce que vous savez, en ce que vous vendez, en ce que vous avez à offrir. Affirmez cette confiance en vous en faisant des gestes concrets. Si vous ne croyez pas à ce que vous dites, vous aurez énormément de difficulté à en convaincre les autres.

Lise

Ma sœur Denise, qui voyage partout dans le monde, mon frère Gilles, éminent pédiatre, et moi-même avons eu une mère qui fit carrière; elle était chargée de la comptabilité d'un important fabricant d'articles de sport. Elle y œuvra durant plus de 40 ans. Inutile de dire qu'elle fut rarement disponible à notre vie quotidienne. Même si le bureau qu'elle occupait se trouvait dans une pièce de la maison familiale, nous l'y avons toujours vue entrer vers 7 heures du matin pour n'en ressortir souvent que tard en soirée, sinon dans la nuit. Elle y passait aussi presque toutes ses fins de semaine. À ce moment, les études n'étaient pas gratuites. Par son travail, elle aida notre père à nous payer des études supérieures et à nous faire vivre plus que convenablement.

Voyons maintenant l'autre côté positif de l'affaire. Nous avons hérité d'une bonne. Si les dirigeants du magazine *Sélection du Reader's Digest* acceptaient encore les articles intitulés «L'être le plus extraordinaire que j'ai rencontré», je n'aurais aucune hésitation à raconter son passage chez nous.

Issue du troisième mariage de son père (qui prit épouse à cinq reprises), Élise Robillard s'amena chez nous à l'âge de 22 ans; j'en avais 7. Elle décéda dans mes bras, à l'hôpital, 26 années plus tard, parce que sa mission était accomplie. Elle m'avait d'ailleurs prévenu de ce départ quelques mois auparavant: «Vous êtes tous trois bien installés, vous n'avez plus besoin de moi, je ne veux être un fardeau pour qui que ce soit.» Chacun de nous aurait pourtant été plus qu'heureux de l'accueillir pour qu'elle coule une retraite heureuse. Nous considérions qu'elle s'était tellement dévouée pour nous qu'elle méritait pleinement l'amour que nous lui vouions et qu'elle était membre à part entière de la famille. Elle en avait décidé autrement.

Peu d'instruction, mais un cœur à la mesure de l'univers. Une imagination pratique, mais fertile et toujours en gestation. Élise était dotée de cette force naturelle de vivre, de créer et, surtout, d'aimer.

Elle prit rapidement les commandes de la famille et décida que sa mission était de nous accompagner jusqu'à ce que Denise, la cadette, soit bien installée.

Lise, comme elle aimait se faire appeler, ne connaissait rien à la fixation des objectifs, mais elle aurait pu écrire ce bouquin elle-même, tellement elle possédait intrinsèquement la science de l'atteinte de ses buts.

Durant ces 26 années, sans quelque expérience préalable et sans études, elle sera devenue, par apprentissage, un cordon-bleu dont tous convoitaient la fine cuisine. Elle maîtrisait l'art de présenter une table comme nul ne savait le faire. Pour aider la famille à vivre confortablement et à l'abri des soucis financiers, elle entreprit une foule d'activités toutes aussi disparates les unes que les autres. C'est ainsi que nous nous sommes retrouvés à élever plus de 250 poules à la fois... en pleine ville. Elle tuait elle-même les volailles à manger. Elle mit des porcs en conserve ainsi que des légumes de saison. Elle fabriqua des bonbons clairs qui étaient vendus d'avance à des distributeurs. Elle apprit à tisser au métier et confectionna toutes sortes de pièces pré-vendues. Elle s'occupa d'un commerce d'assemblage de fleurs artificielles et donnait du travail à une centaine de sous-traitants. Tout ceci, et j'en oublie sans doute, à partir de la maison familiale.

Entre-temps, elle se rendait disponible à tous ceux qui avaient besoin d'elle. Tout nouveau projet de sa part était synonyme de réussite. Ajoutons qu'elle n'a jamais voulu toucher quelque rémunération que ce soit de toutes ces entreprises.

Je garde le souvenir de son constant sourire. Lise était une personne heureuse qui savait se motiver et motiver son entourage. Sans savoir qu'elle pratiquait l'art de la fixation d'objectifs, elle les visualisait de façon tellement concrète et précise qu'ils ne pouvaient que se matérialiser. Elle ne se contentait pas de penser ou de parler de ses intentions, non! Elle bougeait, elle accomplissait, elle faisait des gestes concrets qui renforçaient ses désirs.

Pendant ce temps, jamais elle n'attacha d'importance à ce que les autres pensaient d'elle. Elle portait en elle sa propre satisfaction. Elle *était*!

Merci, Lise, de cet Amour sans condition que tu nous as sans cesse prodigué.

Le changement

> *«C'est effrayant de vivre avec des gens qui vous connaissent. Ils vous empêchent de changer en ne s'apercevant pas que vous êtes un autre.»*
>
> Robert Charbonneau

Même si vous savez avoir beaucoup de potentiel, il se peut que vous ayez laissé s'envoler plus d'une belle occasion parce que vous avez eu peur du changement exigé par une nouvelle vie.

Sachez pourtant que seul ce qui ne change pas, c'est le changement lui-même. Il fait partie de la vie. Quelle qu'en soit la portée, quel qu'en soit le rythme, la vie est en perpétuelle mutation. Les mœurs, la mode, les lois civiles et même les règles des différentes religions se transforment sans cesse.

Si vous n'aimez pas votre emploi, rien ni personne ne vous oblige à le garder. Vous y êtes depuis longtemps? Vous y avez investi beaucoup de temps et d'argent? Ce que vous y avez appris vous servira ailleurs un jour ou l'autre. Autrefois, on jugeait de la stabilité d'un individu en fonction de sa longévité au même emploi. On accepte désormais d'emblée que quelqu'un ait butiné d'une place à une autre pour parfaire ses expériences et pour améliorer sa situation. Faites ce qui vous plaît, ce que vous aimez, et ne tenez surtout pas compte des commentaires des autres. C'est peut-être ce changement de travail qui vous apportera l'enthousiasme nécessaire à réaliser vos objectifs de carrière. Si vous vous y trouvez bien, vous cesserez de jouer «à faire comme si » et vivrez une confiance en vous auparavant inconnue.

«Je suis comme je suis et personne ne me changera!» Cette affirmation se veut la *bonne* raison qu'on donne pour éviter de réussir. La *vraie* raison ne serait-elle pas cette peur qui habite l'homme face à l'inconnu? Même si vous n'y croyez pas, la vie s'est déjà chargée de vous changer. Vous n'êtes définitivement plus le même qu'il y a 10 ans. Vous avez évolué. Accueillez ces changements comme autant de moyens de vous parfaire, de vous améliorer, de vous comprendre et de vivre plus intensément. La routine habituelle est rassurante: on sait toujours à quoi s'attendre. Joignez vos habitudes de vie non seulement à l'acceptation mais à la recherche du changement, et vous commencerez à ressentir le sens profond de votre vie quotidienne.

Après en avoir fait l'inventaire, prenez l'initiative de changer ce que vous pouvez. Votre grandeur? Non. Votre poids? Oui! Le lieu de votre naissance et vos parents? Non. Votre lieu de résidence et vos amis? Oui! Votre instruction acquise à ce jour? Non. Vos connaissances futures? Oui! Vos dents cariées? Oui! Votre nez et vos seins? Oui! Oui à tout ce qui vous aidera à vous aimer, à vous apprécier davantage. Comment les autres pourraient-ils vous aimer si vous, vous ne vous aimez pas?

Vous êtes craintif? Rapprochez-vous des autres. On habite des *condos*, on est voisin de palier, on travaille dans le même édifice... On ne se regarde pas, on ne se sourit pas, on ne se parle pas. Prenez l'initiative de communiquer, les autres n'attendent que cela.

Vous avez terminé votre évaluation, vous avez écrit, vous vous connaissez plus? Refaites le compte de toutes les réponses qui vous ont plu pour apprendre à vous aimer et à vous apprécier. Scrutez celles que vous avez moins aimées, celles que vous voudriez voir différentes. Ce sont celles qui vous feront progresser. Souvenez-vous: le point que vous voulez atteindre moins le point où vous en êtes constitue votre besoin, donc votre objectif. Lorsqu'il est établi, chaque objectif deviendra clair comme le cristal pour se transformer bientôt en matière concrète.

Nous acceptons, bien sûr, certains changements. Ceux qui s'appliquent aux événements, aux circonstances, à tout ce qui nous est extérieur. Dès qu'une transformation, une évolution, nous touche directement, nous hésitons, nous avons peur... C'est le statu quo.

Pourtant, combien de nouveaux produits se retrouvent sur le marché, qui n'y étaient pas il y a deux ans? On n'a qu'à constater l'évolution constante du monde de l'informatique, de l'équipement et des programmes.

Nul sur terre ne peut être exactement le même que dans le passé. Que vous le vouliez ou non, vous changez. Cessez de résister. Acceptez le progrès, ce changement qui se manifeste au quotidien. Au lieu de laisser les autres vous transformer, pourquoi ne seriez-vous pas celui qui en prend l'initiative?

À compter de ce jour, prenez l'engagement de rechercher sans cesse le progrès, le changement et le développement dans tout ce qui vous entoure, mais surtout et avant tout, de tout ce qui est en vous!

Que changeriez-vous de votre vie si on vous apprenait que vous n'avez que quelques mois à vivre? Si vous répondiez: «Rien!», je déduirais que vous n'avez aucun besoin de ce livre. Vous auriez fait les bons choix dans toutes les sphères de votre vie et jouiriez d'un équilibre parfait. Au contraire, si cette perspective vous amenait à apporter plusieurs changements, y inclus les gens avec qui vous vivez, je vous suggère de vous empresser de le faire. Vous éviteriez ainsi de compromettre ce merveilleux présent dont vous vous privez en vous rendant compte que vous ne faites pas ce que vous aimez et ne vivez pas avec qui vous devriez.

Déterminez ce qu'est la réussite, pour vous. La richesse? Le pouvoir? La reconnaissance des autres? Une vie familiale heureuse? Le statut social? Une multitude d'amis? Chacun est différent, et ce qu'il attend de la vie est tout à fait personnel.

Je m'empresse d'ajouter, cependant, que si vos objectifs ne touchaient que la richesse matérielle, vous auriez beaucoup de difficulté à vivre une vie pleine et heureuse. Concentrez vos efforts à harmoniser tous les domaines de votre vie, en plus de mâter vos peurs.

Dans son livre *Le choc du futur*, paru il y a une trentaine d'années, Alvin Toffler avait prédit ceci: «Le monde de demain sera le royaume de l'éphémère, la société se morcellera, les changements iront en s'accélérant et l'homme éprouvera de plus en plus de difficultés à s'adapter.» Il avait vu juste. La personne qui n'éprouve pas de difficultés à s'adapter est celle qui sait discerner ses besoins, même face aux incertitudes du moment, et les fixer en objectifs.

Le choix

Débusquez vos fantômes. Bien! Ceci fait, rendez-vous compte que votre passé fut ce qu'il fut et que vous ne pouvez rien y changer. Désormais, vivez tous vos *ici, maintenant* à leurs justes valeurs, c'est-à-dire en les considérant pour rien d'autre que ce qu'ils sont. Si d'anciennes images vous reviennent parce que vous avez déjà vécu des événements similaires, vous aurez alors *le choix* d'accepter de réagir selon ces vieilles images, mais uniquement si cela vous sert. Vous pourrez aussi considérer ces nouveaux faits comme entièrement *nouveaux* et *choisir* uniquement ce que vous voudrez bien ressentir, et y réagir ou non. Le passé ne peut rien créer.

Retrouvez votre équilibre face aux faits actuels. Apprenez à les juger pour ce qu'ils sont. Votre premier choix sera d'atteindre vos buts au lieu de vous justifier de ne même pas essayer.

Dans la vie, on ne peut jamais refuser de choisir. On peut choisir d'agir ou de ne pas agir, mais on doit au moins faire ce choix.

Les possibilités de choix sont illimitées. On peut abandonner ses études, y retourner. On peut décider de quitter son emploi. On peut changer de conjoint, d'associé ou de partenaire. On peut emménager ailleurs. On peut changer d'amis. On peut changer de nom. On peut tout vendre et passer à autre chose. On peut, on peut, on peut. On n'a qu'à choisir... et le faire.

Il n'y a d'important que ce dont vous avez connaissance. Tout autre fait n'existe pas pour vous.

Quelle que soit la situation qui se présente, les choix qui s'offrent à vous sont sans limites. Si vous pensez le contraire, scrutez votre manque d'imagination. Ceci ne signifie pas que ces choix soient nécessairement appropriés, mais ils sont là.

Cessez immédiatement de remettre à plus tard. Choisissez et décidez. La remise ou l'absence de décisions face à ces choix mène à l'échec. Prenez des décisions immédiates, quitte à rajuster votre tir en cours de route. Mais bougez, agissez! Ne laissez jamais les autres choisir à votre place. Consultez, mais cessez de vous fier à l'opinion publique, aux amis ou à votre entourage. Fiez-vous à votre sixième sens et choisissez!

Élevez votre niveau de vie en vous grandissant au contact de tout ce qui est beau, grand et bien. Recherchez les bons livres, les bons spectacles, les grandes œuvres d'art.

On connaît le dicton «Cherchez la femme». Moi, j'ajoute de chercher tous ceux qui peuvent vous grandir, ceux à qui rien d'humain n'est étranger et, surtout, entourez-vous d'amour avec un grand «A». Toutes les grandes réalisations ont été inspirées par l'Amour. Combien d'hommes et de femmes ont réussi leur vie, poussés, motivés par l'être aimé? Bons ou mauvais, et ici on ne les jugera pas, les plus grands de l'histoire étaient d'irréductibles amoureux qui ont été inspirés par une muse qui croyait en eux. D'autres, qui croupissaient dans la médiocrité, ont changé de partenaires... et se sont mis à réussir.

Je ne peux m'empêcher de raconter brièvement ce que l'Amour a accompli dans ma vie.

J'étais marié et père de quatre fils. Pendant plusieurs années, je végétais, en quête de «*la grosse affaire*» qui allait m'apporter la richesse financière, le bonheur et la paix. Habituée de voir son père travailler en usine de 8 heures à 17 heures, 5 jours sur 7, mon épouse rêvait de ce train-train: un mari qui entre du travail, toujours à la même heure, une petite famille bien, sans problèmes, sans ambitions. Nous n'allions nulle part et je m'étourdissais de toutes les façons possibles. Pendant ce temps, elle fut une épouse et une mère exemplaire qui sut très bien éduquer nos enfants.

Lucille, ma compagne des 30 dernières années, survint tout à coup dans ma vie. Coup de foudre! Elle vivait séparée de son mari, seule avec ses deux enfants. J'étais alors âgé de 36 ans, elle en avait 25.

En juillet 1970, elle, ses enfants, mes enfants et moi emménagions ensemble. Mes deux fils aînés étaient alors adolescents suivis, dans l'ordre, de mes deux plus jeunes et des siens: huit à table. Je me souviens de nos proches et de tous les autres qui trouvaient cette décision insensée. Personne ne donnait cher de la réussite d'une telle famille reconstituée.

Lucille, devenue *Lulu* pour tous ceux qu'elle aime et qui l'aiment, s'avéra rapidement une professionnelle de l'organisation. Elle gagna la confiance immédiate, l'estime et l'amour de mes enfants et de tous ceux qu'elle ne cesse, encore à ce jour, d'étonner par son dévouement, ses choix, son esprit de décision et ses nombreuses activités tant sportives que sociales.

Plus pauvre que je ne l'étais à tous les points de vue au moment où j'ai rencontré cette merveilleuse femme, on sombre dans les méandres de l'aide sociale à n'en plus sortir. Ce n'est pas ce qui se produisit. Elle s'installa derrière moi avec une sorte de «Vas-y, tu en es capable!». Tant et si bien qu'elle m'inspira au point où je me rendis compte que tout devenait dorénavant possible.

Notre nouvelle famille se cimenta dès les premiers jours et jamais il ne fut question de *tes* enfants ou de *mes* enfants. Dès le début, nous avons formé un clan uni où le rire fusait de toutes parts.

Au bout d'une année, sous l'inspiration de celle qui continue d'être ma muse, nous possédions une maison richement meublée dans le quartier huppé de la ville, une automobile (payée) de l'année et nous vivions déjà financièrement à l'aise. S'ajoutèrent simultanément tous les avantages reliés à notre style de vie. Depuis ce temps, nous avons toujours tâché de découvrir nos réels besoins à tous les points de vue. Nous les avons fixés comme objectifs et TOUS, jusqu'à ce jour, ont été comblés. Le présent ouvrage complète un objectif depuis longtemps fixé dont je connais déjà la suite...

Le seul fait de décider du prochain geste à faire en assure la réalisation. Il ne lui reste plus qu'à se manifester dans le temps et l'espace.

L'anxiété

Plusieurs éprouvent des crises d'anxiété, voire de peurs paniques. Retournez aux réponses des grilles que vous avez déjà remplies, particulièrement celle intitulée *Circonstances et événements négatifs*. Vous y décèlerez des sources possibles d'anxiété. Votre livre *Moi* est tout indiqué pour les scruter. Vos trouvailles et l'entraînement à la détente enseigné plus loin devraient être les outils rêvés pour bannir à jamais ces craintes paralysantes.

Des psychologues ont créé une fiche pour aider à prendre conscience de ce qui se passe en soi lors de ces attaques. On y indique d'abord la date et l'heure où ces symptômes apparaissent. Suivent les circonstances qui ont présidé à l'attaque, les sentiments du moment ainsi que le palier d'anxiété ressenti, sur une échelle de 0 à 5: 0 = aucune anxiété; 1 = basse anxiété;

2 = anxiété moyenne; 3 = anxiété assez forte; 4 = anxiété presque intolérable et 5 = panique. On peut ajouter des + ou des – à chaque palier.

Vient ensuite la stratégie utilisée pour réduire ce taux d'anxiété suivie du comportement adopté. On complète en indiquant son nouveau palier d'anxiété.

Je reproduis ici cette fiche et vous conseille d'en faire des copies à utiliser dès qu'une attaque se fait sentir. *Il est important que vous utilisiez cette fiche au moment précis des attaques.* Ceci vous aidera à en réduire automatiquement l'intensité, sinon à les contrer complètement.

MESURE DE L'ANXIÉTÉ

DATE	HEURE	CIRCONSTANCES	SENTIMENTS

SE FIXER DES OBJECTIFS

AVANT 0 À 5	STRATÉGIE	COMPORTEMENT	APRÈS 0 À 5

La peur

La crainte de la peur est plus affolante que le danger lui-même.

Nos expériences antérieures enfouies dans notre subconscient régissent notre façon de penser, d'agir et de réagir. Nous nous reportons quotidiennement, sans nous en rendre compte, à ces expériences passées, bonnes ou mauvaises. Un parfum senti peut nous ramener des années en arrière et nous faire revivre une scène particulière reliée à son odeur. Il en est ainsi de tout ce qui touche nos sens, nos émotions et nos sensations. La seule vue d'un agent de police qui, pour nous, représente la sévère autorité que son métier lui confère nous fera ressentir un certain sens de crainte et de culpabilité si, par exemple, on nous a déjà donné une contravention.

Même si ces souvenirs que nous ramène notre pensée n'ont rien à voir avec les faits présents, ils nous font ressentir les mêmes émotions que nous avions alors vécues. Notre mère craignait la foudre et se cachait, nous y entraînant à chaque orage, dans une garde-robe. Elle nous a inculqué cette peur irraisonnée. Adulte, il y a fort à parier que nous vivons encore cette sensation de peur ou d'inconfort face aux orages.

C'est pour cette raison, encore une fois, que je vous invite à écrire pour sortir tous les anciens fantômes de votre placard, ceux qui vous inquiètent encore aujourd'hui. Découverts, ils cesseront de vous influencer et vous pourrez juger chaque nouveau fait selon son propre mérite, au lieu d'y réagir automatiquement, tel que vos expériences enfouies vous le font faire.

Apprenez à différencier vos préoccupations réelles de vos inquiétudes. Celles-ci vous font ressasser vos problèmes sans les résoudre, alors que leur constatation devrait vous permettre de rechercher la solution. On s'inquiète, la plupart du temps, pour des situations qui ne se sont pas encore produites... et qui ne se produiront jamais. Quelle perte d'énergie! Ne soyez pas de ceux qui ont des problèmes. Soyez de ceux qui trouvent les solutions. J'ai l'habitude de dire à mon entourage qu'il vaut mieux donner des ulcères d'estomac que de se les voir infliger. Cessez de subir les événements. Créez-les!

Vos frayeurs, vos peurs vous ont été apprises. Vous savez, maintenant, que la pensée juste vous aidera à vous en débarrasser. Jamais plus, même s'il en restait en vous quelques-unes, elles ne pourront vous empêcher d'agir. Vos pensées négatives ont le pouvoir de vous attirer ce que vous redoutez. Quand Job, de la Bible, a tout perdu, il s'est écrié: «Ce que j'ai tellement craint m'est enfin arrivé!» Eh oui, il lui est arrivé exactement ce qu'il entretenait dans ses pensées! Dehors, donc, et à jamais, toute pensée négative!

Les peureux et les inquiets sont superstitieux. À défaut des religions, ils se tournent vers les oracles. Ils consultent les tireuses de cartes ou de tarots. Ils font lire les lignes de leurs mains. Ils se laissent influencer par les prédictions de supposés voyants qui misent sur la crédibilité des «gogos» pour s'enrichir. Malheureusement, ils entretiennent dans leur esprit la visualisation de ces prédictions: maladie, défaites, insuccès... et c'est ce qui leur arrive.

La pire peur est engendrée par l'incertitude. On recherche partout des certitudes. Pour tempérer ces peurs, on s'empiffre, on boit, on se drogue, on fume, on se bourre de tranquillisants... et on se sent malade.

Est-ce qu'on ne vous pas appris toutes sortes de peurs dans votre enfance? Le Bonhomme Sept Heures, le Grand Lustukru ou encore l'aimable policier du coin dont on disait qu'il couperait vos oreilles si vous n'étiez pas sage? Et, bien sûr, on vous a appris à vous méfier, sinon à haïr des gens de races différentes de la vôtre. Est-ce qu'on ne vous a pas humilié en vous obligeant à confesser vos péchés à d'autres, souvent plus coupables que vous? Vous n'avez qu'à vous souvenir de la sensation viscérale de crainte et de honte qui vous habitaient avant d'entrer au confessionnal, si vous étiez catholique. Admis, le concept que notre liberté s'arrête là où celle de l'autre commence, c'est quoi, au juste, un péché? Éduqués de cette façon, il demeure surprenant que nous ne soyons pas dans des asiles d'aliénés!

Votre livre *Moi* est tout indiqué pour étudier, de façon raisonnée et rationnelle, ces peurs.

L'échec et la réussite sont produits par la même quantité d'énergie mentale. Éloignez donc les pensées d'échec pour ne penser dorénavant qu'en fonction de la réussite, de la santé, du bonheur. C'est ce que vous récolterez.

Juger les faits pour ce qu'ils sont

Le poète Rudyard Kipling, l'auteur de «Tu seras un homme, mon fils», y raconte que l'*homme* qui sait garder sa tête alors que tous, autour de lui, la perdent, est digne de ce nom. Il fait appel à la qualité qu'a cet homme de juger les faits pour ce qu'ils sont en y réagissant avec objectivité. Savoir garder son calme au milieu des tempêtes, des changements, des incertitudes est le gage du «*être*».

Éprouver un sentiment de crainte, d'anxiété ou d'angoisse répond à une peur, raisonnée ou non. C'est ce que peut ressentir l'étudiant avant un examen, la personne dont le conjoint n'entre pas à l'heure convenue, ou encore le patient qui attend le résultat d'un examen médical. C'est souvent dans ces circonstances qu'on déforme les faits pour faire des gestes disproportionnés, inappropriés ou inopportuns.

Si vous vous sentez tendu ou préoccupé, refusez d'écouter votre subjectivité.

La réaction idéale, devant une peur, c'est de lui faire face, mais en se *sortant de soi* pour s'observer de l'extérieur, comme si on était un autre, en tentant d'être insensible à ce qu'on craint: «J'ai peur, d'accord. Mais de quoi ai-je peur, au juste?» Si vous arrivez à vous observer du dehors, vous pourrez plus facilement revenir à la *vraie* réalité, au moment présent, et découvrir si votre peur est raisonnée ou non. Si vous jugez que votre peur est irraisonnée, vous cesserez immédiatement de craindre quoi que ce soit. Vous aurez déniché de quoi il retourne et votre crainte s'évanouira parce que vous saurez... Ce qui cause la peur? L'incertitude, l'inconnu.

Vous aurez aussi découvert alors à quel jeu se prête votre conscient. Quand on s'éveille avec la solution à un problème qui semblait insurmontable au coucher, ce n'est sûrement pas le conscient qui l'a résolu. Il dormait. Le problème n'est pas le problème lui-même, mais plutôt la manière de réagir devant lui. En jugeant les faits pour ce qu'ils sont au moment présent, on peut refuser sa crainte de l'avenir et rejeter ses jugements passés.

Un exemple. Vous vous trouvez dans un endroit quelconque en compagnie d'autres personnes. Tout à coup, un bruit infernal provient de l'extérieur. Deux automobiles se sont tamponnées. Peu importe la gravité de l'accident, chacun aura une réaction différente. L'un se précipite immédiatement sur les lieux de l'accident pour porter secours. Un autre prévient, par téléphone, les autorités policières. Une troisième personne, qui a peur de tout, sort par une porte arrière pour ne rien voir. Une autre, encore, regarde par la fenêtre pour savoir ce qui s'est passé. Il se déclenchera autant de réactions différentes qu'il y aura d'individus présents.

Les faits n'ont pas d'importance en eux-mêmes. Ils prennent l'importance que chacun leur attache. Si quelqu'un décède, le troisième voisin aura sans doute moins de peine que les proches du mort. Pourtant, le fait demeure le même: quelqu'un est décédé.

Si vous ne pouvez changer l'événement lui-même, choisissez votre façon de le voir afin de le subir le moins possible.

En résumé, jusqu'à ce jour, vous avez appris à répondre aux faits selon les conditionnements qu'on vous a inculqués. Votre mode de réaction influence votre image de soi, qui est directement responsable de votre perception des événements nouveaux. Vos actions deviennent alors le reflet de la clarté ou de l'obscurcissement de vos perceptions.

Quand vous aurez appris à vous défaire de la peur, vous agirez à des niveaux jusqu'alors insoupçonnés. C'est à ce moment précis que vous commencerez à vous découvrir, à vous connaître, à vous affranchir, à vous libérer et à vraiment considérer les faits pour ce qu'ils sont, objectivement.

Le moment présent *(ici, maintenant)*

La concentration se veut l'art de maintenir son esprit, ses pensées à l'*ici, maintenant*, c'est-à-dire au moment présent.

Pour ne pas entraver la bonne marche du processus de la fixation de vos objectifs, concentrez-vous sur le but à atteindre, au présent, et dans ses moindres détails. Exercez-vous à visualiser ces détails jusqu'à ce que vous les discerniez parfaitement au point de voir, d'entendre, de sentir, de palper et même de goûter l'objet de vos désirs. Visualisez jusqu'à ce que vous ressentiez les sensations que vous éprouverez lors de la réalisation finale de votre objectif. Tout ceci est très simple, encore faut-il l'expérimenter.

Laissez agir votre subconscient sans intervenir! Il est omnipotent et peut tout régler pour vous, à la condition que vous (votre conscient) le lui permettiez. Orgueilleux, votre conscient voudra peut-être s'octroyer les succès obtenus. Si vous le laissez faire, vous reviendrez à vos anciennes habitudes. Vous pourriez même recommencer à déployer des efforts de volonté.

Si, par contre, vous laissez agir votre subconscient, non seulement vous atteindrez votre but, mais vous découvrirez cette merveilleuse impression de la décontraction et de l'abandon en dépit des événements qui se bousculent.

Quand vous aurez atteint cette sorte d'abandon, votre conscient finira par se fondre à votre subconscient, qu'il laissera travailler sans effort.

Gallwey raconte que les yogis indiens ont prouvé que la puissance de l'amour peut éviter la distorsion de la pensée. Il faut devenir amoureux de l'objet de sa concentration au point d'y fixer définitivement ton attention.

Voici, à ce sujet, la légende racontée par Gallwey. Un homme cherchait la Vérité. Il s'enquit sur la façon de s'unir parfaitement à son vrai Moi auprès de son maître Yogi. Celui-ci lui conseilla de méditer sur Dieu aussi longtemps qu'il le pourrait. En très peu de temps, l'homme avait quitté la pièce où il méditait en indiquant qu'il lui était impossible de se concentrer.

La raison? Il ne pouvait s'empêcher de penser à son taureau préféré. Le Maître l'invita alors à méditer aussi longtemps qu'il le pourrait sur ce taureau. Deux jours plus tard, l'homme occupait toujours la pièce où il méditait. Son maître l'invita à sortir de là. Le disciple rétorqua: «Il m'est impossible de le faire, mes cornes sont trop larges pour passer par l'ouverture de la porte!» Son état de concentration était devenu tellement parfait qu'il s'était fondu, identifié à l'objet de sa méditation.

La concentration, c'est la fascination de l'esprit. Quand on aime, on est fasciné par l'objet de son amour.

Un éminent psychologue, le docteur Maxwell Maltz, disait que le cerveau humain est absolument incapable de distinguer un événement qui s'est réellement produit d'un autre qu'on a imaginé avec précision. Vous créerez donc mentalement, dans l'*ici, maintenant*, la réalisation de vos souhaits. L'*ici, maintenant* revêt deux dimensions: l'espace (ici) et le temps (maintenant). L'*ici*? L'objectif à atteindre, dans ses moindres détails. Le *maintenant*? Visualisez cet objectif comme s'il était déjà atteint. Quand on pense au passé ou au futur, on se déconnecte du présent. Finie la concentration! On y reviendra, bien sûr, mais on aura gaspillé de précieuses énergies en cours de route.

Un bon truc pour revenir au *ici, maintenant*: prêter attention à sa respiration. Observer, constater l'inspiration et l'expiration de l'air de ses poumons. On ne tente pas de contrôler, on constate! Concentré à nouveau, on pourra alors reprendre la visualisation des détails de son objectif.

On a appris à ralentir sa réceptivité au point d'en limiter sa perception à la surface de ses expériences, empêchant son esprit de percevoir les détails ou les subtilités qui retiennent l'attention. L'intérêt d'apprentissage exige qu'on pénètre la nature même des choses et des événements. Pour y arriver, on doit être capable de se concentrer sur une personne, un objet ou une activité unique pendant assez longtemps pour en saisir la globalité.

J'emprunte ici à Tim Gallwey les expériences suivantes à tenter parce que je les considère comme des plus intéressantes et pratiques pour l'*ici, maintenant*. Pendant la prochaine minute, portez votre attention uniquement sur les bruits environnants... Écoutez... Posez votre livre... Décrivez, sur papier, les sons environnants que vous entendez.

Les sons décrits sont-ils vraiment ceux que vous avez entendus? N'auriez-vous pas plutôt décrit la *cause* de ces bruits? Le réfrigérateur, un oiseau, le téléviseur? Votre conscient est habitué à identifier par classification ce qu'il perçoit par ses sens. Il peut même aller jusqu'à juger: «J'aime ce bruit» ou «Je déteste ce bruit.» Insuffisant, pourtant, pour retenir l'attention.

Bien! Reprenons cette expérience d'écoute en fermant de nouveau les yeux pendant une minute. Prétendez, cette fois, ignorer la cause de ces bruits. Écoutez, sans porter quelque jugement que ce soit. Ouvrez-vous aux sons perçus et tâchez d'en déceler toutes les subtilités... non la provenance. Écoutez...

Comparez maintenant la qualité de cette expérience avec la première. Pendant combien de temps avez-vous pu vous intéresser aux sons eux-mêmes en en oubliant les causes?

Vivez cette deuxième expérience qui pourrait s'intituler: «Je n'ai jamais rencontré cette personne auparavant.» Choisissez, pour ce faire, une personne que vous connaissez bien, que vous côtoyez même quotidiennement. Le but de ce jeu: oublier le plus possible votre perception, tant positive que négative, de cette personne. Prétendez ne l'avoir jamais connue. Ignorez toutes les classifications de votre esprit à son sujet. Quand elle dira ou fera quelque chose, évitez de réagir en fonction de vos idées préconçues.

Ce faisant, vous percevrez cette personne dans l'*ici, maintenant* pour ressentir toute la fraîcheur et la nouveauté de cette expérience. Cette nouvelle perception ne sera pas facile à décrire. Vous en vivrez cependant un ressenti très différent de ce que vous éprouviez auparavant. Votre conception habituelle provient de vos inévitables collections de pensées, d'émotions et d'impressions accumulées au sujet de cette personne que vous fréquentez régulièrement. Demandez-vous ce qu'il y a de nouveau chez elle, demandez-le-lui. Laissez surtout votre nouvelle perception tenir compte de son évolution, même quotidienne.

Inventez d'autres jeux similaires par vos cinq sens pour vous habituer à jouir de l'*ici, maintenant*.

Vivez au présent! Oubliez vos pensées et vos réactions habituelles. Vous découvrirez de nouveaux et palpitants plaisirs devant les faits quotidiens les plus communs et les plus simples de la vie. Vivre au présent vous apportera une foule d'avantages jusqu'ici insoupçonnés: vous ne serez plus angoissé à l'idée de savoir quand et comment vos relations avec votre entourage cesseront; les opinions des autres ne vous atteindront plus; vous vous prendrez en charge en choisissant vous-même votre destinée; vous émettrez vos opinions et poursuivrez votre chemin malgré les objections de votre entourage; vous ne vous sentirez plus obligé de justifier vos actions ou de critiquer parce que vous aurez appris à apprécier les aspects nouveaux des événements; vous cesserez de vous inquiéter sur tous et sur tout, laissant aux soucieux le soin de le faire.

Si seul le moment présent vaut la peine d'être vécu, pourquoi, alors, se lamenter sur son passé ou tenter de vivre un avenir qui n'est pas encore là? Vous n'êtes pas satisfait de ce que le présent vous apporte? Découvrez vos besoins et transformez en objectifs ceux qui vous créeront toujours des *ici, maintenant* heureux.

Travaillez donc à vous débarrasser des idées préconçues, des attentes et des jugements de votre conscient. Ils interfèrent avec la vraie perception des faits. Concentrez-vous désormais uniquement sur l'*ici, maintenant*.

Lors de mes études pour l'obtention d'un diplôme de formation en éducation des adultes, un facilitateur[1] nous raconta la légende suivante, qui illustre bien cet *ici, maintenant* face au passé et à l'avenir. Lors d'un safari, un homme sans arme est poursuivi par un lion. Arrivé au bord d'une falaise, il n'a d'autre choix que de sauter pour éviter d'être dévoré. Dans sa chute, il

---

1. Terme employé en andragogie au lieu de «professeur» pour en indiquer le rôle précis.

réussit difficilement à s'agripper à une branche. Il regarde en bas, histoire de constater la hauteur de laquelle il devra sauter pour se libérer. Horreur! Un tigre est là, qui l'attend. Le lion en haut, le tigre en bas. L'homme regarde à sa gauche, puis à sa droite où il aperçoit une belle fraise bien rouge à portée de sa main. Il cueille la fraise et très lentement, la déguste. Le passé? Le lion. On n'y peut rien changer. L'avenir? Le tigre... qui décidera peut-être de partir ou non. L'*ici, maintenant*? L'appétissante fraise rouge dont notre homme se délecte. Quelle merveilleuse philosophie de vie!

Cette concentration existe quand l'esprit demeure dans l'*ici, maintenant*, ignorant les fantaisies de ce qui a été ou pourrait être. Observez le bambin se laisser complètement absorber par le présent. Il peut taper sur une balle pendant un long moment, fermé à tout ce qui se passe autour de lui. Il accueillera tout à coup un camarade avec qui il inventera les aventures les plus fantastiques qui n'auront ni passé ni futur, seulement le présent.

Réveillez l'enfant qui dort en vous et laissez-le vivre au présent. Les adultes goûtent occasionnellement ces moments bénis qui deviennent leurs meilleurs souvenirs. Une rencontre spéciale, un film, une pièce de théâtre, un bon match sportif, mais le plus souvent un moment vécu en complicité érotique lui feront vivre ces moments exclusifs de l'*ici, maintenant*. Ces instants revêtent habituellement une telle intensité qu'ils font oublier le temps écoulé. Les heures n'ont semblé que quelques minutes. C'est sans doute un de ces précieux instants qu'avait vécu Lamartine quand il nous légua son fameux «Ô temps, suspends ton vol, et vous, heures propices, suspendez votre cours.» Je constate, sans en connaître la raison précise, que ceux qui utilisent un ordinateur comme passe-temps atteignent presque inévitablement cet état d'extase de l'*ici, maintenant*. Ils y passent des heures et des heures, oubliant souvent de se nourrir si on ne les y invite pas. Ils sont surpris du temps qui s'est écoulé. Il en est ainsi de toute activité pour laquelle on se passionne.

On peut éprouver un incommensurable plaisir en planifiant ses objectifs. En effet, chaque étape de leur réalisation peut se transformer en autant de moments présents des plus gratifiants. Ceci fait partie du bonheur. Pas de ce bonheur qu'on espère atteindre un jour aussi subitement qu'on attrape un mal de dents, mais de celui qui se vit, jour après jour, après l'avoir atteint progressivement.

En fin de compte, qu'est-ce que le bonheur, si ce n'est l'acceptation quotidienne de tout ce qui se passe dans sa vie, incluant ses joies, ses plaisirs et même ses peines. Ce bonheur, on l'a ou on ne l'a pas en soi. Il s'agit d'une constance invariable. On ne peut pas ressentir le bonheur à 9 heures pour le voir diminuer un peu à 9 h 15, pour ensuite le voir réapparaître à 10 heures et ne plus du tout le ressentir à midi. Apprenez à bien passer vos journées en vivant chaque instant au présent et à régler vos petits problèmes quotidiens comme il se doit. Ce bonheur vous accompagnera la vie durant.

Qu'êtes-vous prêt à donner?

Vouloir devenir riche ne suffit pas. Pas plus qu'il ne suffit de vouloir améliorer tout autre domaine de sa vie. On doit connaître les moyens exacts à utiliser.

Déterminez d'abord ce que vous voulez faire de cette fortune. Façonnez-le dans votre esprit, imprimez-le dans votre subconscient. Dans quel autre domaine voulez-vous réussir? Les affaires? Les arts? Le spectacle? Peut-être réussissez-vous bien votre vie professionnelle au détriment de votre vie de couple? Vous voulez préserver cette union?

Question d'ultime importance: qu'êtes-vous prêt à offrir en échange de la réalisation de vos vœux? Espérez devenir riche pour aider les autres, créer du savoir, de la compétence, de la beauté, du bonheur et du bien autour de vous. Les gens à rencontrer et les événements à vivre seront alors plus faciles que si vous voulez devenir riche pour mener une vie de débauche. Incluez les autres dans votre désir et vous atteindrez plus rapidement vos buts. Ceux dont l'œuvre touche la majorité réussissent mieux.

Pour réussir dans quelque domaine que ce soit, vous devez en tout temps œuvrer sous le sceau de l'honnêteté.

Découvrez les besoins des hommes, et votre fortune est assurée. Si vous travaillez à améliorer leur sort, à les améliorer eux-mêmes ou à élever leur niveau de vie, ils ne pourront alors que vous apporter aide et reconnaissance. Apprenez-leur des moyens d'acquérir et de conserver une bonne santé, et vous aurez là un autre moyen de faire fortune. De plus, vous éprouverez ce savoureux sentiment de satisfaction que procure le fait d'aider les autres. Vous vous sentirez vraiment utile.

Certains, tels Vincent Peale, Robert Schuller, Billy Graham et Jean-Paul II, élèvent l'inspiration morale des individus et leur apportent ce besoin qu'on a d'éprouver la paix de l'âme et de l'esprit. Leurs communautés sont immensément riches. Par ailleurs, d'autres soi-disant chefs spirituels qui ont manqué d'honnêteté se sont retrouvés dans la dèche. Les Dale Carnegie, Anthony Norvell, Jean-Marc Chaput et Sylva Bergeron ont aidé les gens à se forger une belle personnalité et à découvrir leur sentiment d'importance. Quelles belles histoires de réussites!

Choisir son entourage

«Notre crainte des autres vient de ce qu'ils cherchent à nous transformer en objets pour assurer leur propre liberté.»

André Maurois

La précision de vos objectifs doit demeurer secrète, mais il vous faudra tout de même compter sur d'autres pour les atteindre. Recherchez leurs qualités, ignorez leurs défauts. Les reproches repoussent, les compliments attirent. Cultivez une très haute opinion de votre personne. Relevez la tête, vous êtes aussi grand que quiconque. Inspirez aux autres le respect de votre personne.

Rappelez-vous que chaque être humain possède sa propre vérité, qui n'est pas la vôtre. Ne vous employez donc pas à modifier la sienne. Quand vous aurez bien saisi ce que l'autre ressent, vous serez en mesure de lui démontrer que vos désirs ne sont pas menaçants pour lui. Concentrez-vous sur ce que vous voulez, en tâchant de trouver, avec cet autre, un point commun d'entente.

Pour éviter les blâmes, les gens donnent la plupart du temps les *bonnes* raisons qui les font penser ou agir d'une certaine façon. Si vous êtes perspicace, recherchez et découvrez les *vraies* raisons qui les motivent. Ceci vous permettra de choisir judicieusement votre entourage. Par exemple, si on arrive en retard à une réunion, on pourra inventer une crevaison (la bonne raison) alors qu'on s'est levé tardivement parce qu'on a trop fêté la veille (la vraie raison qu'on ne veut pas révéler).

Choisissez celui ou ceux avec qui vous pouvez vraiment vous laisser aller à être vous-même, des gens qui vous fourniront des énergies bienfaisantes.

Votre succès n'émergera pas uniquement de votre intelligence, de vos connaissances ou de votre expérience. Votre réussite dépendra surtout de ce que vous inspirerez aux autres de faire pour vous. Misez sur les autres pour compenser le savoir et les qualités qui vous manquent. Qu'ils soient vos associés, vos employés ou de simples connaissances, dès qu'ils auront décidé de vous aider, confiez-leur vos problèmes qu'ils sont capables de résoudre pour vous.

Les employés qui reçoivent des compliments dégagent plus d'énergie que les autres et donnent un meilleur rendement.

Ne faites jamais perdre la face à qui que ce soit, surtout devant des tiers. On vous en voudra à jamais.

Efforcez-vous de découvrir au moins une amitié de valeur, une relation à qui vous pouvez tout, mais absolument tout raconter en sachant que jamais cette personne ne vous trahira. Vous agirez de même envers cette personne. Jamais vous ne vous jugerez, vous serez à l'écoute l'un de l'autre.

Aimez sincèrement les autres. Ils vous le rendront de mille façons.

Offrez sans espoir de retour. Sacrifiez une possession précieuse à ceux que vous aimez: votre temps, vos talents, un bien auquel vous tenez particulièrement. Ils sauront qu'ils sont importants pour vous.

Sachez apprécier chacun à sa juste valeur, en constatant ses forces et ses faiblesses, en évitant d'élever qui que ce soit sur un piédestal duquel il pourrait tomber et vous blesser.

Que votre intégrité devienne proverbiale. Si vous avez l'habitude de tricher, cessez de le faire. On vole du temps, du matériel. On ne donne pas sa pleine mesure. On se rapporte malade alors qu'on ne l'est pas...

Quand il y a contrainte, on n'est plus libre d'aimer. Si vous aimez quelqu'un, laissez-lui sa pleine liberté. Le doute et la jalousie sont deux sentiments qui peuvent tuer l'amour.

Vous êtes amoureux de quelqu'un? Tant mieux. Si vous ne l'êtes pas, devenez-le au plus tôt! Rien n'est plus motivant que l'amour pour réussir.

Toutefois, dès que vous parlez de relation intime avec quelqu'un d'autre, sachez bien ceci: cette personne a besoin de savoir qu'elle peut en tout temps vous confier ses états d'âme ou ses secrets et que vous ne vous servirez jamais de ce que vous savez contre elle. Vous devez être en constante communication. Sans cet ingrédient, vous courez à l'échec. Vous devez accepter l'autre tel qu'il est, chacun ne devant, en aucun moment, changer quoi que ce soit chez l'autre. Vous l'acceptez avec ses qualités et ses défauts. Vous respectez ses idées et ses buts. Ces principes s'appliquent dans toute relation, qu'il s'agisse d'une relation amoureuse ou autre. Si vous vous impliquez dans une relation amoureuse, assurez-vous davantage de bien comprendre ce qui précède.

Toutes les richesses de la terre ne combleraient pas votre besoin, votre soif de bonheur. Ce bonheur, vous le trouverez en vous dévouant, en aidant les autres. C'est la reconnaissance et l'amour que les autres nous portent qui nous comblent. Il n'est donc pas paradoxal de faire des gestes altruistes dans un but égocentrique.

L'appartenance à une association de bienfaisance comble souvent l'humain qui se sent récompensé parce qu'on reconnaît qu'il est charitable. La petite plaquette souvenir qu'on lui remet pend souvent au mur le plus en vue de sa résidence ou de son bureau.

Fréquentez et nouez des liens d'amitié avec ceux qui ont réussi dans les domaines qui vous intéressent. Ils ne pourront que vous aider. Présentez-leur vos idées, vos services, vos produits. Vous seriez surpris de constater jusqu'à quel point les gens au haut de l'échelle sociale se sentent et se trouvent seuls. Ne craignez pas de solliciter leur aide. Ils en seront flattés.

Prenez l'habitude d'envoyer des mots de remerciement, de félicitations, d'encouragement ou de sympathie, selon le cas. On y sera sensible. Les journaux regorgent de ces nouvelles de faits divers où vous puiserez les noms de ceux et de celles à qui écrire.

À compter de ce jour, pensez en personne importante, agissez en personne importante et vous le deviendrez. Si vous vous voyez grand, les autres vous verront ainsi.

Ce n'est pas nécessairement ce qu'on sait qui conduit à la réussite, mais plutôt qui on connaît dans les milieux influents.

Choisissez vos amis qui reflètent la réussite et le succès. Évitez les gens qui végètent, dont les problèmes sont perpétuels. Rappelez-vous que vous pouvez influencer la vie des gens que vous fréquentez régulièrement autant qu'eux peuvent bouleverser ou améliorer la vôtre.

Un point important: si vous avez à transiger une affaire avec un organisme ou une compagnie, évitez de passer par les subalternes. Recherchez la personne la plus importante. Un tuyau: la secrétaire particulière des gens haut placés se veut le meilleur véhicule pour obtenir un rendez-vous. C'est elle qui filtre tout et qui décide qui le patron recevra et quand. Lorsque vous lui parlerez, intéressez-vous sincèrement à son travail, à ses loisirs, à sa famille. Un peu de gentillesse et un intérêt sincère feront des merveilles. Un mot de remerciement accompagné de quelques fleurs sont plus efficaces que tous les autres arguments que vous pourriez utiliser pour obtenir un rendez-vous avec le patron. Évitez donc de frayer avec le simple soldat quand vous pouvez atteindre le général.

Tentez, autant que possible, de rencontrer ces gens influents en dehors de leur milieu d'affaires ou de travail. Ils seront moins occupés et préoccupés.

Dans vos discussions avec les autres, évitez tout sujet litigieux, surtout la politique et la religion. Parlez très peu de vous et de vos possessions; interrogez plutôt vos interlocuteurs sur eux-mêmes. Si vous savez bien écouter, vous apprendrez une foule de détails intéressants qui vous serviront. De plus, on vous trouvera charmant. Même si vous n'avez presque pas parlé, on vous qualifiera de fin causeur et on recherchera votre compagnie.

Le cerveau-maître

Comme je l'ai mentionné auparavant, vous pouvez vous associer avec une ou plusieurs personnes qui partagent un objectif avec vous. Assurez-vous, cependant, que vos vues soient tout à fait identiques et qu'aucun intérêt personnel d'un associé n'entre en conflit avec vos désirs. Quand cette association aura pris forme, vous créerez ensemble ce que j'appelle le *cerveau-maître*.

Il importe que les aptitudes des membres du groupe diffèrent. Il s'avérerait inutile de s'associer à une personne qui posséderait les mêmes connaissances que quelqu'un d'autre du groupe.

Une fois le groupe formé, travaillez étroitement, régulièrement et en totale harmonie à l'élaboration des plans requis. Assurez-vous que chacun fait les gestes quotidiens nécessaires. De votre côté, si vous présidez le groupe, assurez-vous d'être à l'écoute active et ouverte de chacun. C'est ainsi que vous obtiendrez leur collaboration sans faille.

Inculquez-leur le souci du détail. C'est souvent l'absence de cette qualité qui fait qu'on échoue.

Que chaque décision que vous prendrez reflète votre impartialité envers tous les membres du cerveau-maître, même si vous ressentez une certaine préférence pour certains. Vous serez maître de vos émotions en tout temps.

Prenez ensemble la ferme résolution de ne parler toujours que de succès.

L'écoute

«La nature nous a donné deux oreilles et seulement une langue afin de pouvoir écouter davantage et parler moins.»

Zénon d'Élée

L'empathie. Quelle qualité, quel art à développer! Être capable d'entrer dans la peau d'un autre et pouvoir ressentir ce qu'il vit. Si vous savez vraiment être à l'écoute, on ne pourra plus vous berner. Vous comprendrez bien ce qu'on vous dit, mais votre intuition vous révélera ce qu'on ne vous dit pas. Vous devinerez sans peine les pensées des autres et ce qui les fait agir. C'est très précieux pour l'atteinte de vos objectifs. Ce n'est pas en parlant, mais en écoutant qu'on apprend.

La personne que vous écoutez parlera davantage et plus en profondeur si elle se rend compte que vous êtes vraiment présent à ce qu'elle vous dit. Pour ce faire, il importe de reprendre une dernière phrase de votre interlocuteur en disant, par exemple: «Si j'ai bien compris, tu veux dire que...» Des signes de tête affirmatifs ou des «je comprends bien» démontrent également que vous aurez bien saisi ce que votre interlocuteur raconte.

Évitez de penser à ce que vous allez répondre pour vous concentrer uniquement et attentivement à bien comprendre ce que l'autre vous dit. On interrompt souvent les confidences par exubérance, en formulant des commentaires inutiles ou en tenant des propos rassurants qui figent l'interlocuteur. Quelqu'un vous parle? Laissez-le entièrement *se vider*. Si vous n'avez pas vraiment compris le sens d'une révélation, dites-le et invitez-le à préciser sa pensée. Gardez vos idées pour vous.

N'intervenez que pour exprimer votre compréhension du sujet ou pour demander des précisions.

Tentez de découvrir ce qu'on ne dit pas, le langage non verbal. Un tic nerveux, un mouvement subit pourra vous en révéler beaucoup. Écoutez le timbre de voix. Est-il saccadé? brisé? Exprime-t-il de la colère?

Je le répète, les gens donnent la plupart du temps les *bonnes* raisons qui les font penser ou agir d'une certaine façon. Si vous êtes perspicace, vous découvrirez les *vraies* raisons qui les motivent.

Si l'interlocuteur devient silencieux, n'engagez pas la conversation à moins que vous ne soyez certain qu'il ait totalement terminé la sienne.

Questionnez cette personne sur ses sentiments, beaucoup plus que sur le fond de sa conversation: «Que ressens-tu?», «Comment perçois-tu ce que tu me dis?», «Quelle est ta réaction à ce que tu ressens?» Elle saura alors que vous vous intéressez vraiment à elle, et les barrières tomberont automatiquement.

Si votre interlocuteur vous demande d'intervenir différemment, d'engager la conversation, faites-le, mais seulement s'il vous invite à le faire.

Ce qui précède, bien sûr, se rapporte à ce qu'on appelle *l'écoute active*. La pratique de cette approche vous fera découvrir sous un autre jour les gens que vous côtoyez déjà et ceux à qui vous aurez affaire. Vous pourrez ainsi vous rendre maître de la situation requise pour atteindre vos objectifs.

Les conseilleurs

«Les conseilleurs ne sont pas les payeurs.»

Anonyme

Ceci m'amène à vous parler des *conseillers*: avocats, notaires, comptables agréés, consultants, spécialistes de toutes sortes. Consultez-les, bien sûr, en ce qui concerne leur profession, mais ne vous laissez pas influencer par eux au sujet des choix qui s'offrent à vous pour améliorer votre sort. Ces conseillers sont là pour gagner leur vie. Ils le font en vous renseignant. Écoutez leurs conseils, mais faites vos propres choix.

Supposons que vous gérez une florissante affaire où vous gagnez très bien votre vie. Rares seront ces conseillers qui vous encourageront à vous lancer dans une nouvelle entreprise. La raison? Elle est simple: pour se protéger et pour conserver votre clientèle, ces conseillers vous décourageront d'entreprendre de nouvelles initiatives.

Si vous choisissez de suivre leur conseil et de ne pas vous engager, ils ne subiront aucune conséquence. Si vous décidiez d'y aller quand même et que vous ne réussissiez pas, ils pourraient alors dire qu'ils vous avaient prévenu et ne porteront pas le poids d'un mauvais conseil.

Je me souviens d'un ami et comptable qui m'avait déconseillé de m'impliquer dans une transaction immobilière parce qu'il jugeait que je n'en avais pas les moyens. J'ignorai son conseil et transformai cet achat en un très substantiel profit pour moi et les sept associés que j'avais impliqués en chemin. En effet, une partie de ce terrain, qui se trouvait dans un lieu alors désert, fut vendu pour la construction d'un immense centre commercial régional. Une autre partie devint le plus important centre médical de la région et nous vendîmes le reste en lots résidentiels. J'ignore si c'était pour se donner bonne conscience, mais ce comptable, à la suite de ce retentissant succès, m'avoua que jamais plus il ne découragerait un client de s'aventurer dans une nouvelle entreprise.

Vous êtes le seul responsable... de vous!

Sachez prévoir! Agissez avant que le malheur se pointe. La médecine, qui devrait prévenir, n'est là que si vous êtes malade. Vous souffrez de stress? d'embonpoint? Vous êtes au bord du divorce? Vos enfants vous font des difficultés? Vous vous isolez? Vous buvez, peut-être?

Imaginez ce bonhomme qui fait 1,80 m et qui est incapable de venir à bout d'une petite cigarette. «Je veux arrêter de fumer, mais j'en suis incapable!» C'est ce qu'il raconte... la cigarette aux lèvres. Agissez! Ôtez-la de votre bouche, cette cigarette! Ne recherchez surtout pas la pitié d'autrui, agissez!

C'est de *votre* corps, de *votre* moral qu'il s'agit! Rien ne se produira si *vous* ne bougez pas.

On se sent misérable? On ne rase pas sa barbe. On ne se lave pas, pas plus qu'on ne se coiffe. On se verse une bière, on reste en pyjama. Les rideaux fermés, on fume des cigarettes et... on pitonne la télécommande de son téléviseur. Bel avenir!

Quand il vous arrive de vous sentir moche, pourquoi ne pas retourner à votre livre *Moi* et y raconter ce que vous ressentez? Vous perdriez rapidement vos humeurs moroses.

On se complaît dans son désarroi. On se fait plaindre. On s'apitoie sur son sort, on quête la pitié de son entourage et on se surprend qu'il s'éloigne.

Cessez de vous fier aux autres. Certains s'y accrochent comme s'il s'agissait de leur planche de salut. D'autres trouvent leur sécurité émotive dans les organisations communautaires ou religieuses. La solution ne vient que de vous. Oh! bien sûr, les autres sont utiles pour justifier ses déboires et ses malheurs! On se donne alors bonne conscience, mais on se cache la vérité: *vous* seul êtes responsable de *vous!*

L'équilibre en tout! Côtoyez les gens heureux, les gens actifs. Au lieu de les juger et de les fuir, collez-vous aux gens plus riches que vous que ce soit par leur situation financière, leurs connaissances et leurs qualités. Ils vous entraîneront dans leur sillon de réussite.

Tout ce qui vous arrive ne dépend que de vous. Vous seul êtes en charge de votre vie! Si ce que vous êtes aujourd'hui dépend de votre éducation, de votre enfance, vous pouvez y apporter les changements voulus. Où en êtes-vous? Ce livre vous aide à le découvrir. Cessez de subir votre vie pour enfin en jouir au maximum! Sachez bien, cependant, que le passé est mort, fini, et que vous ne pouvez rien y changer. Il ne s'agit pas de ressasser ce passé, mais bien d'y retrouver ce qui s'y est produit qui vous trouble aujourd'hui. Une fois la découverte faite, enter-rez-la!

Vous n'êtes pas heureux? Cessez d'en accuser la société, vos parents, vos professeurs, les gouvernements ou vos em-ployeurs. Vous vous empoisonnez l'existence à blâmer les au-tres et votre passé. Vos demains dépendront uniquement de vos choix d'aujourd'hui. JE SUIS RESPONSABLE DE MOI!

J'emprunte à Carl Frederick l'exemple suivant tiré de son livre *Le jeu de la vie (Playing the Game the New Way)*. Vous et moi naviguons sur un super yacht de 50 m de long. Vitesse de croi-sière, 30 nœuds à l'heure. Je suis au gouvernail. Je saute à l'eau et vous laisse seul à bord, vous disant que c'est *votre* bateau, *votre* vie. Vous pouvez passer le reste de votre vie à regarder en ar-rière, là où j'ai sauté, à vous plaindre. Vous pouvez refuser de gouverner le bateau, le laisser s'échouer et y périr. Vous avez aussi l'autre choix d'accepter mon départ, de vous emparer du gouvernail pour orienter l'embarcation à votre guise. Vous ferez le nécessaire pour mener votre bateau à bon port. Le capitaine demeure toujours le seul responsable à bord.

La peur de l'insécurité vous fait conserver cet emploi que vous détestez. Vous vous punissez, jour après jour, à y rester. Qui vous dit que votre employeur ne fermera pas ses portes? Que ferez-vous s'il cesse ses activités? Combien d'entreprises majeures, à la suite de fusions ou de réorganisations, congé-dient des employés qui comptent plusieurs années de service? Votre syndicat vous protège? Que peut-il faire contre la ferme-ture d'usines? Votre seule sécurité? C'est VOUS, VOUS, VOUS!

C'est votre imagination qui pourra vous permettre de fa-çonner votre avenir tel que vous le voulez. Je vous répète que votre subconscient ne vous permettra jamais d'imaginer ce que vous ne sachiez ou ne puissiez réaliser. Choisissez donc ce que vous voulez obtenir et laissez votre imagination faire le reste. Les gens et les circonstances nécessaires se mettront sur votre route, et votre intuition vous indiquera les démarches à accom-plir.

Ne laissez désormais ni vos voisins, ni vos parents, ni vos expériences passées, ni rien, ni personne se mettre en travers de votre chemin. Travaillez à réaliser vos fabuleux rêves. Oubliez la crainte de l'insuccès parce que vous diminueriez alors l'importance de vos objectifs pour ne vous contenter que de ce qu'on vous a toujours imposé comme limite.

Si vous avez décrété que les autres et les événements ont été responsables de vos échecs passés, de votre façon d'être et de votre présent sort, rendez-vous compte que vous, et vous seul, en portez la responsabilité. C'est vous qui avez permis aux autres de vous bousculer. Cet aveu devrait vous réconforter puisqu'il vous fait prendre conscience qu'à l'avenir, personne ne devrait pouvoir vous manipuler. Vous seul avez la possibilité de vous sentir bien dans votre peau ou pas, selon votre acceptation d'être le seul responsable de votre qualité de vie.

Servez-vous de votre livre *Moi* pour décortiquer les événements de votre passé. Rappelez-vous les circonstances précises et vos émotions du moment. Où étiez-vous? Qui se trouvait à vos côtés? Que s'est il exactement passé?

Si chacun a sa réalité, votre réalité n'est rien d'autre que celle que vous avez jusqu'ici imaginée.

Votre apparence

«Mon visage, que m'importe? Car moi, je suis derrière. Il faut être devant pour recevoir le choc.»

Edward Lear

Votre apparence revêt une importance capitale. On dit que l'idée que se fera de soi une personne qu'on rencontre pour la première fois se crée dans les quatre premières minutes de cette rencontre. Vous n'aurez jamais une seconde chance de créer une première bonne impression.

Ayez une tenue vestimentaire propre et soignée, agrémentée d'un visage au sourire perpétuel, et ajoutez de la vigueur dans vos poignées de main (sans toutefois écrabouiller les doigts de la main qu'on vous tend).

Montrez-vous toujours sous votre meilleur jour. Frais rasé si vous êtes un homme, maquillée, si vous êtes une femme. Ongles manucurés, coiffure, vêtements et souliers impeccables. Affichez un visage détendu, souriant, affable.

L'apparence que vous montrez révèle votre attitude mentale. Sans savoir comment, les autres ne s'y trompent pas.

Être égoïste?

On nous a appris à fuir l'égoïsme.

Interrogez quelqu'un sur son plus ardent désir, il vous répondra presque invariablement: «Rendre les autres heureux!» Quelle est la condition première pour rendre les autres heureux? Ne serait-ce pas de l'être soi-même? Comment peut-on rendre les autres heureux si on ne l'est pas? Comment est-il possible de donner ce qu'on n'a pas? Le moyen d'obtenir ce bonheur, c'est d'être assez égoïste pour penser d'abord à soi, en évitant, bien sûr, de nuire aux autres! Avant tout, il faut combler ses propres désirs. C'est ainsi qu'on accédera au bonheur. Alors, et seulement alors, pourra-t-on le dispenser aux autres.

«Charité bien ordonnée commence par soi-même», dit l'aphorisme. D'une autre source, on retient que «ta liberté se termine là où celle de l'autre commence». Respectez cette consigne, mais rendez-vous au moins jusque-là.

Josef Kirschner, un auteur allemand, définit ainsi l'art d'être égoïste: «Définir des objectifs personnels basés sur sa propre échelle des valeurs, et agir en conséquence.» Cette façon de voir la vie exige d'être très à l'écoute de soi.

Découvrez vos besoins personnels et comblez ceux qui sont avantageux pour vous. Les autres, par égoïsme, voudront que vous répondiez d'abord à leurs vœux... Ne cédez pas! Vous trouverez peut-être une sorte de fausse sécurité à satisfaire les désirs des autres. Refusez de continuer à jouer leur jeu et ils vous retireront cette soi-disant sécurité.

Savoir dire non à ce qui vous déplaît. Savoir dire non à une activité qui ne vous intéresse pas. Savoir dire non à ce qui vous

énerve. Savoir dire non à une contrainte inutile. Savoir dire...
NON!

Faites-vous plaisir au moins une fois par semaine en vous
adonnant à une activité qui vous est chère. Réservez-vous un
endroit où vous retirer quand le besoin s'en fait sentir, un lieu
où il est formellement interdit de vous déranger.

Josef Kirschner, dans son livre *L'art d'être égoïste*, énonce six
obstacles majeurs à l'épanouissement, à votre épanouissement:

1. Rejeter ses propres responsabilités sur les autres, parents,
    conjoints, gouvernements, employeurs...

2. Faute de savoir ce qui est convenable pour soi, se fier plus à
    l'opinion des autres qu'à la sienne, les croyant à tort plus
    brillants. On devient des *suiveurs* parce qu'on ignore ses be-
    soins personnels.

3. Étouffer ses sentiments véritables par complaisance ou
    par hypocrisie. Moi, j'ajoute par crainte. Il cite le cas de
    l'épouse qui reste collée à un mari exécrable, craignant de
    perdre sa sécurité et son confort. Elle est prise au piège par
    son hypocrisie et sa peur.

4. Sa volonté de faire valoir son droit au bonheur et à l'épa-
    nouissement. On sacrifie ses énergies à réaliser les désirs
    des autres, croyant à tort qu'après s'être dévoué pour les
    autres, ceux-ci se confondront en reconnaissance et pren-
    dront soin de soi. Au contraire. Habitués à utiliser les au-
    tres, ils délaisseront celui qui cesserait de leur rendre
    service.

5. La seule clé qui puisse libérer l'homme de ses chaînes? Son
    imagination! On cessera d'adopter les rêves des autres.
    Chacun est un être unique. Qu'il agisse comme tel. On re-
    fusera de demeurer la pâle imitation des autres. Imaginez
    et concrétisez vos rêves.

6. Délaissez l'accessoire, attaquez-vous à l'essentiel. Combien
    d'objets inutiles possédez-vous, les ayant crus indispensa-
    bles quand vous les avez achetés? D'autres, pour s'enrichir,
    vous ont laissé croire, par la publicité ou par d'autres
    moyens, qu'ils étaient essentiels à votre bonheur. Est-ce

parce que vous avez cru que la possession de ces biens vous valoriserait aux yeux des autres?

Comment arrivera-t-on à résoudre les problèmes de la planète si on est incapable de résoudre les siens? Définissez ce qui est essentiel pour vous et ensuite, vous pourrez sincèrement vous intéresser aux autres.

Kirschner poursuit en disant que tous les merveilleux concepts que sont la fidélité, l'honnêteté à tout prix, la solidarité et le dévouement seraient à appliquer... si chacun était honnête et serviable, si chacun vivait sa vie et laissait les autres vivre la leur. Ce monde idéal n'existant pas, il vous faut prendre les mesures nécessaires pour éviter d'être exploité et sacrifier ainsi inutilement vos rêves et vos aspirations légitimes au profit des autres.

Par ailleurs, Hans Selye, le père des recherches sur le stress, parle d'égoïsme altruiste. On se rend utile, on aide les autres, et on se nourrit de leur amour et de leur reconnaissance. On y reçoit une bonne dose de haute estime de soi. Il poursuit en disant que pour mener une vie heureuse, on se doit d'employer son égocentrisme inné à mériter le respect des autres en les aidant. J'ajoute: jamais à votre propre détriment ou en sacrifiant ce à quoi vous tenez.

La sexualité

> *«L'amour physique est la clef de presque toutes les vies. On le sait, on n'ose le dire, de peur de passer pour un obsédé sexuel.*

Jacques de Bourbon-Busset

Même s'ils ne sont pas tous recommandables, des milliers d'ouvrages ont été publiés sur la sexualité. Ceci prouve son rôle primordial pour l'individu. Heureusement, la connaissance de la sexualité et des autres plaisirs tend à faire disparaître la fausse culpabilité et l'ignorance qui y sont reliées depuis les débuts de la civilisation.

Si l'amour romantique génère un profond bonheur, l'activité sexuelle est celle qui produit les plus intenses plaisirs.

Aimez le sexe. Jouissez! Jouissez au présent, chassant de votre esprit toute pensée négative ou dérangeante. Concentrez-vous sur le moment présent, en extirpant de votre esprit tout ce qui est étranger à ce que vous vivez. Ignorez les bruits environnants et, surtout, les questions qui pourraient se rapporter à vos performances.

C'est sale, le sexe? C'est péché? Non. C'est merveilleux! Oubliez les tabous qu'on vous a inculqués. Le sexe est tellement important dans la vie de l'homme que sa répression lui créera toutes sortes de malaises psychosomatiques.

Préparez le coït. Jouez, touchez, léchez, étreignez, caressez! Tout est permis entre adultes consentants. Le coït n'est pas nécessairement le but des ébats sexuels... Tous les autres jeux, même sans l'orgasme, vous procureront d'immenses plaisirs, en plus, chez l'homme surtout, de conserver le goût de poursuivre...

Votre équilibre mental réclame une vie sexuelle saine et remplie. Hétérosexuel, homosexuel, riche, pauvre, catholique, protestant, athée, vous avez droit à une sexualité intense et génératrice d'apaisement et de sérénité.

Évitez les stéréotypes. N'importe où (pas devant n'importe qui, tout de même)! Couché, debout, assis ou autrement! Matin, après-midi, soir ou nuit! L'instinct du moment!

Combien, à cause d'une éducation sexuelle tronquée, sont incapables de tolérer qu'on les frôle ou ressentent presque du dédain à toucher les autres?

Pourquoi avoir peur de se manifester des signes d'amour devant ses enfants alors que ce partage les rassure sur la stabilité du foyer?

Retranchez de votre vie sexuelle toute habitude qui ne servirait qu'à épancher vos besoins orgasmiques. Souvenez-vous que ce jeu s'appelle «séduire l'autre». Ajoutez-y vos sentiments et votre imagination! Vous aurez non seulement assouvi un besoin physique, mais vous éprouverez une satisfaction à nulle autre pareille.

L'orgasme de l'autre, c'est son affaire, pas la vôtre.

Chacun fera part à l'autre de ses goûts personnels. Partez de là et savourez pleinement, en y mettant le temps voulu. Le reste suivra bien. Ah oui, aucune restriction quant à la masturbation!

Les affirmations apprises

Les affirmations sont des déclarations de ce que l'on tient pour vrai ou de ce que l'on veut qui le devienne pour se conformer à ces réalités par la suite.

Les proverbes sont des affirmations:

* «Dis-moi qui tu fréquentes, je te dirai qui tu es.»
* «Un tiens vaut mieux que deux tu l'auras.»
* «Tout vient à point à qui sait attendre.»
* «Pierre qui roule n'amasse pas mousse.»

Bien souvent, ces proverbes sont contredits par d'autres.

On ne doit pas craindre de mettre en doute tout ce que les autres ont enfoui dans notre cerveau. Je reprends le dernier proverbe: «Pierre qui roule n'amasse pas mousse.» Quelle est la pierre précieuse la plus connue? Le diamant. On taille et on polit le diamant afin de lui donner la forme et l'éclat voulus pour en obtenir le meilleur prix. Le diamant *roule* donc. Dites-moi, qui voudrait d'un diamant plein de mousse?

À l'instar des proverbes, combien d'affirmations, que nous tenions pour vraies, nous ont été transmises par les autres: parents, enseignants, religions, organismes de toutes sortes? Nous n'avons jamais pensé à les mettre en doute. Comme elles provenaient de sources supérieures, nous les avons tout simplement gobées et faites nôtres.

Commencez dès aujourd'hui à intégrer dans votre esprit les affirmations qui vous feront atteindre tous vos buts. Les vôtres, pas ceux des autres. Imprégnez-vous de ce que vous voulez changer chez vous autant que de ce que vous désirez obtenir.

Quelqu'un a comparé le cerveau à un seau d'eau. S'il est rempli d'eau froide, commencez à y verser de l'eau chaude. L'eau froide débordera bientôt pour laisser place à de l'eau tiède, puis à de l'eau chaude. Si votre subconscient est rempli d'idées et de pensées indésirables, commencez à y verser des affirmations positives d'amour, de réussites et de succès. À l'instar de l'eau froide qui s'est diluée, vos pensées négatives feront place aux pensées positives.

Attention! Si ce n'est pas vous qui versez dans votre seau les pensées que vous voulez y trouver, d'autres ou des circonstances extérieures s'en chargeront, et vous subirez leurs réactions suggérées sans les comprendre. Vous deviendrez angoissé sans vraiment saisir ce qui vous arrive. Mettez-en tellement dans votre seau qu'il n'y aura place pour rien d'autre que ce que vous, vous y mettrez.

Le temps

*« La direction du temps n'est pas passé-présent-futur,
mais l'inverse: possible-passant-passé. »*

Jérôme Deshusses

Pour faire mentir cette assertion, établissez vos tâches à accomplir par ordre de priorité et n'y dérogez pas. Écartez tout ce qui pourrait vous distraire. Procédez par étapes et adonnez-vous à chaque tâche en y consacrant toute votre attention, en évitant de penser aux autres travaux qui vous attendent.

On peut déclarer faillite et se refaire une santé financière. Le temps perdu, lui, jamais ne reviendra.

Le temps est un précieux allié. Si on passe huit heures par jour à travailler, huit heures à dormir, et quatre ou cinq heures à se toiletter, se nourrir, faire des courses et voir à ses autres obligations, il ne reste finalement qu'environ trois heures par jour à consacrer à concrétiser ses objectifs.

On manque de temps? Non! On manque de discipline ou encore, on éprouve certains problèmes à composer avec le temps. On ne manque pourtant pas de temps pour faire ce qu'on aime!

Passez votre temps à être efficace. Que chaque minute compte lorsque vous vous engagez dans une activité. Vous semblez occupé... Êtes-vous vraiment efficace? Délaissez les indécisions. Agissez! Si vous n'êtes pas satisfait de l'utilisation de votre temps, découvrez-en les raisons. Chassez toute futilité de votre horaire.

L'argent

«Il y a certainement des tas de choses que l'argent ne peut acheter, mais c'est amusant: avez-vous déjà essayé de les acheter sans argent?»

Ogden Nash

On nous a incrusté tellement de vilaines idées au sujet de l'argent qu'elles n'ont engendré que des pensées négatives; par conséquent, il se tient loin de nous. «Il est mal d'être riche.» «Les riches sont des voleurs.» «L'argent est la source de tous les maux.» «Maudit argent!» Ces idées sont souvent véhiculées par ceux qui veulent s'enrichir à nos dépens. Ils deviennent plus riches en appauvrissant les autres.

Ce sont eux, aussi, qui ajoutent qu'on doit se sacrifier pour les autres, alors qu'ils les exploitent; que la dignité ne se trouve que dans le travail, alors qu'ils sont en croisière ou en vacances ailleurs; qu'on doit gagner son pain à la sueur de son front (ce qui, quoi qu'on en dise, n'a jamais été écrit dans la Bible).

Habituellement, ces faux prophètes sont des non-producteurs, des tricheurs qui vivent aux dépens de ceux qui produisent. Les gouvernements, les aristocrates et les sectes religieuses sont au nombre de ces parasites de la société.

L'argent est difficile à gagner? Oui, si vous le croyez! Osez croire le contraire et vous déborderez de l'énergie nécessaire à devenir riche...

Les gens riches sont issus de familles riches? Autre erreur. Les plus grosses fortunes ont été réalisées par ceux qui ont su imaginer et créer, la plupart, souvent, dépourvus d'instruction... et d'argent.

Agissez!

«Au commencement était l'action.»

Sigmund Freud

Tout devient possible: découvrez vos besoins, rêvez, imaginez! Visualisez vos objectifs comme s'ils étaient atteints.

Suivez votre plan d'action précis et clair.

Créez-vous de nouvelles pensées de succès en tout et faites des actes positifs qui deviendront rapidement vos habitudes de penser et d'agir!

Faites-le maintenant!

Peut-être avez-vous raté la plus belle occasion de votre vie en hésitant de faire le geste définitif requis à un moment critique où vous deviez le faire. Vous avez eu peur de franchir cette démarcation, ce point de non-retour. Vous avez toujours regretté de ne pas l'avoir fait. L'action origine dans vos pensées et votre imagination. C'est à ce niveau que vous devez agir.

Le hasard n'existe pas, dit-on. Si la vie vous a mis en présence de ce bouquin, c'est qu'il est temps pour vous d'entreprendre la réalisation de tous vos rêves.

Cessez immédiatement de faire ce que vous n'aimez pas. C'est ce qui crée, chez vous, un sentiment de lassitude et de fatigue des plus déplaisants. Remémorez-vous combien vous débordez d'énergie quand vous accomplissez un travail que vous aimez ou que vous vous adonnez à une activité qui vous captive. Que de dépressions disparaissent quand on vit passionnément!

Certains vous diront que ce n'est pas le temps d'entreprendre, moi, je vous dis que le temps d'entreprendre est celui que *vous*, vous choisissez. On vous raconte que les circonstances ne sont pas favorables? Créez vos propres circonstances, elles répondront à vos attentes. Cessez d'écouter les autres, vous serez surpris des résultats.

Je me souviendrai toujours de ce jour de la fête du Travail 1971 alors qu'avec un partenaire, je débutais dans la vente et la construction de maisons unifamiliales. Mon entourage m'avait conseillé de ne solliciter personne en cette journée de congé pour ne pas indisposer des clients potentiels au repos que je pourrais solliciter plus tard. De plus, ces gens ne seraient pas disponibles. J'ai passé outre à ces conseils, je me suis écouté, moi! À ce moment-là, je ne connaissais rien à la méthode de la fixation des objectifs. Pourtant, moi, je me voyais réussir. Bien avant que j'en connaisse les principes, j'ai toujours visualisé. Je me rends compte aujourd'hui jusqu'à quel point cette pratique m'a réussi.

Au soir de cette journée, j'avais signé cinq contrats de vente de maisons. Par la suite, j'en ai vendu et érigé au-delà de 200 en quelque deux ans et demi... toujours en créant mes propres circonstances.

Quelle que soit la démarche que vous entrepreniez, au départ, faites-le pour vous. Établissez les motifs qui pourraient vous faire passer à l'action, et ce, pour toutes les sphères de votre vie. Demandez-vous ce que chaque action pourra vous rapporter. Si vous voulez perdre du poids pour votre entourage, c'est raté. Vous maigrirez, mais vous ne pourrez pas conserver cette nouvelle ligne. Si vous évitez la séparation d'avec votre conjoint en raison des enfants, c'est raté. On reste unis parce qu'on s'aime. Je me permets d'ajouter que les enfants se sentent souvent mieux après une séparation au lieu de vivre les tourments d'une union chancelante et stressante.

Agissez! Dès à présent, tout de suite, c'est ce qui crée l'énergie. Si vous ne le faites pas, vous traînerez avec vous une sorte d'apathie. En effet, si vous ne faites rien, si vous ne créez rien, votre corps le sentira bien et il cessera alors de vous fournir de l'énergie, pensant que vous n'en avez plus besoin.

Suivez-les, ces cours qui vous font envie depuis si longtemps. Faites-le, ce geste que vous retenez depuis si longtemps. Inscrivez-vous dès aujourd'hui à ce centre de conditionnement physique. Pourquoi avez-vous le sentiment que vous devez attendre? Pourquoi ne pas commencer immédiatement? Tout de suite!

Toute action engendre une réaction, et c'est le perpétuel mouvement qui vous gardera jeune. Vous voulez jouer au tennis? Renseignez-vous sur ce que vous devez faire... et faites-le! Quand on cesse de faire travailler ses méninges et son corps, on engendre le processus de vieillissement. Les cellules du cerveau cesseront de se développer et les organes du corps percevront ce signal comme une invitation à entamer sa dégénérescence. C'est ce qui pourrait expliquer le décès prématuré des retraités qui n'étaient pas prêts à assumer leur retraite en s'intéressant passionnément à une activité créatrice. L'énergie mentale ne se créant plus, la nature commence le processus d'élimination.

Le motivateur québécois bien connu Jean-Marc Chaput compare la vie à une procession. Il raconte que 2 % des gens en font partie. Huit pour cent la regardent passer, sans y participer. Les autres ignorent l'existence même de la procession. Et tous ceux qui ne sont pas de la procession se rangent pour laisser le chemin libre à ces 2 % qui savent où ils vont!

Embarquez! Mettez du mordant dans votre vie! Aventurez-vous! Cessez d'être de ceux qui contournent les obstacles pour ne vivre qu'à travers les autres ou qui fantasment en se prenant pour des héros d'émissions télévisées.

Les obstacles et les épreuves qui ne manquent pas de survenir dans toute vie humaine sont là pour vous former et vous informer de quel bois vous vous chauffez. Tenter de les éviter ne fait qu'augmenter un stress dont vous n'avez aucun besoin, d'autant plus que personne d'autre ne peut les vivre à votre place. Les éviter vous priverait d'ailleurs de la satisfaction du vainqueur et de l'expérience formatrice qui vous aidera à surmonter les obstacles similaires que vous rencontrerez dans toutes les sphères de votre vie.

Choisissez dès aujourd'hui de vous inclure dans les 2 % d'élus, il n'en tient qu'à vous!

Décidez dès cet instant de réussir tout ce que vous entreprendrez dorénavant. À l'aide des grilles de ce livre et de votre livre *Moi*, vous avez évalué vos talents, vos ressources et vos besoins. Bannissez à jamais, à compter de ce jour, le mot «impossible» de votre vocabulaire. Persévérance et courage, en dépit de tout et de tous!

Agissez en gagnant dans toutes les sphères de votre vie. Pas un gagnant de compétitions contre un ou des adversaires, non! Un gagnant selon votre échelle des valeurs, sans vous comparer à qui que ce soit. À l'instar de Jonathan le goéland, dépassez-vous!

Vos objectifs à réaliser

«Il y a une oreille dans l'inconnu.»

Victor Hugo

Sur la grille *Mes objectifs à réaliser* (voir à la page 186), établissez, sans tenir compte de l'ordre de leur importance, la liste complète des objectifs que vous voulez atteindre. Indiquez-les tous, même s'ils vous semblent irréalisables. Mettez bien en application ce que vous apprenez ici et vous constaterez que rien n'est impossible à réaliser. Il y a toujours les «vraies» impossibilités telles qu'un bâton sans bout ou un cercle carré, ou encore creuser dans la cour arrière de votre maison pour découvrir de l'or... si vous demeurez sur la rue Sainte-Catherine à Montréal, sur Fifth Avenue à New York ou sur l'avenue des Champs-Élysées à Paris.

Une fois cette liste terminée, vous découvrirez peut-être que certains objectifs entrent en conflit avec d'autres. C'est à ce moment que vous la réviserez en tenant compte de vos priorités. Inscrivez alors les objectifs que vous retiendrez sur les grilles des différentes sphères de votre vie, par ordre d'importance, cette fois. Reportez à plus tard vos objectifs secondaires. Si un objectif se rapporte à plus d'un domaine, inscrivez-le dans tous les domaines concernés.

Mettez de côté, du moins pour l'instant, vos souhaits qui seraient incompatibles avec votre but principal. La nature même du jeu veut que vous ne poursuiviez à la fois que des buts compatibles même si cela semble limiter vos choix. Vous devez être capable de concentrer toutes vos énergies sur votre objectif premier.

En raison de votre évolution, cette grille sera en perpétuelle transformation. Au fil du temps, vous retrancherez, modifierez ou ajouterez des éléments. En dehors de vous, personne ne doit la voir, de peur que quelqu'un court-circuite vos désirs par jalousie, par mesquinerie ou par intérêt personnel. Un cerveau-maître ne travaillera qu'à un objectif. Il ne saurait partager *tous* vos objectifs.

Cette liste inclura tant les changements personnels que vous voulez apporter à votre façon d'être que vos désirs purement matériels. Incluez des bienfaits pour les autres dans vos objectifs et vous décuplerez votre facilité de réussite.

Je le répète : la puissance infinie qui vous habite ne saurait vous laisser fixer des objectifs que vous ne pourriez réaliser.

Familiarisez-vous avec la fixation des objectifs en commençant par ceux que vous pourrez réaliser assez facilement afin de vous mettre en confiance et de créer l'habitude d'utiliser systématiquement cette méthode.

Vous pouvez poursuivre plusieurs objectifs compatibles simultanément. Il se pourrait que vous ne puissiez atteindre le but ultime avant d'avoir réalisé certains objectifs intermédiaires indispensables. Établissez alors un ordre de priorité. Avant d'accéder au poste de directeur général de la compagnie, vous devez en apprendre les rouages et franchir les étapes qui vous y conduiront.

Procédez à l'établissement du plan précis de tous les détails à réunir pour concrétiser chaque objectif et commencez à mettre ce plan en application.

Que chaque désir formulé soit accompagné de votre désir ardent de réussite. Votre ténacité à poursuivre votre but vous indiquera si vous y mettez assez d'ardeur. Si vous n'y allez pas à fond, si vous craignez l'échec, si vous jouez de façon sécuritaire, il vous manque ce désir ardent qui préside à toute réussite. Au baseball, on n'atteindra jamais le deuxième coussin en gardant un pied sur le premier. Faites comme ce général qui brûlait les ponts derrière son armée pour l'empêcher de battre en retraite. Ne battez plus en retraite, ne retournez plus en arrière. Le passé est mort, vivez au présent et visualisez votre avenir.

Cette envie et ce désir s'impriment dans votre subconscient. Cette puissance infinie qui habite votre cerveau transmet alors ce désir, par votre système nerveux central, à vos neurones, à vos nerfs, à vos muscles, bref, à votre corps tout entier. C'est alors que vous sentirez la poussée qui vous amènera à concrétiser votre objectif.

Fixez-vous une date précise de réalisation. Votre être tout entier agira alors en fonction de ce délai et il mettra en œuvre toute votre chimie interne, vous obligeant à réagir à cette date que vous vous êtes fixée. L'énergie nécessaire suivra. Cette découverte vous surprendra sans doute.

Tout comme cela se produit souvent dans les sports, vous vous apercevrez que les dernières minutes seront les plus productrices. Tous s'accordaient à dire, tant de l'Exposition universelle de 1967 que des Jeux olympiques de 1976 à Montréal, qu'on ne respecterait jamais les échéances et que les installations ne seraient jamais terminées à temps. Pourtant, elles le furent, et c'est dans les derniers instants que le tout se joua.

Puisque c'est vous qui fixez cette limite de temps, c'est à vous d'en changer les délais si des circonstances exigeaient que vous les modifiiez. Même si vous avez dû prévoir les obstacles possibles, il se pourrait que certains vous aient échappé. Soyez alors assez perspicace pour concevoir qu'il s'agit d'une circonstance imprévue et corrigez votre tir. Surtout, n'allez pas lâcher en cours de route. Vous réussirez!

Les obstacles possibles

Si votre plan est bien préparé et vos échéances prévues, vous aurez décelé tous les obstacles possibles, qu'ils proviennent des autres ou des circonstances. Par exemple, si vous voulez exploiter un commerce dans le sous-sol de votre résidence alors que vous habitez un quartier résidentiel, prévoyez que le comité d'urbanisme de votre ville s'y objectera. Demandez-vous si vous ne devriez pas penser à ouvrir ce commerce dans un autre secteur... À moins que vous n'ayez assez de poids auprès de votre conseil municipal pour faire changer le zonage! Ne vous servez surtout pas du prétexte de ces obstacles comme excuse pour abandonner.

Certains obstacles peuvent provenir d'une lacune de votre part. Peut-être vous faudrait-il plus d'expérience, plus de connaissances? N'auriez-vous pas certains traits de caractère à changer pour atteindre votre objectif? Voici d'autres obstacles d'ordre personnel possibles:

- La peur de la richesse. On nous a programmés à l'idée qu'on est «nés pour un petit pain». On nous a convaincus que les gens riches sont forcément malhonnêtes. On nous a fait croire qu'ils n'ont pas la santé parce qu'ils se tuent au travail. On n'a qu'à penser à notre univers qui regorge de richesses. Il suffit d'accepter cette réalité pour arrêter d'en avoir peur.

- L'avarice et l'égoïsme crasse. Ces deux défauts motivent pourtant des millions d'individus... qui ratent leur vie.

- La procrastination. Toujours tout remettre au lendemain!

- L'entourage. Pourrait-il être avantageux de vous distancer de certains amis qui n'en sont pas vraiment? Malheureusement, ce sont souvent des proches qui court-circuitent nos objectifs parce qu'ils ne sont pas d'accord ou ce que nous entreprenons les dérange. C'est pour cette raison qu'il vous faut garder le secret le plus complet au sujet de vos visualisations. Si votre entourage vous crée des tracas, vous devriez peut-être considérer un déménagement...

Surveillez les autres. Si, dans la vie, vous n'occupez pas la place qui est la vôtre, d'autres la prendront. Ces gens utiliseront toutes sortes de subterfuges pour s'approprier votre territoire. Ils vous flatteront et vous feront miroiter mille et une promesses qu'ils n'auront pas nécessairement l'intention de tenir. Ils exerceront sur vous toutes sortes de pressions et utiliseront même le chantage. Par l'écoute active, apprenez à déceler leurs jeux. Informez-les sans équivoque que vous n'avez aucune intention de leur céder un centimètre de votre terrain et que vous irez jusqu'à vous battre pour le défendre.

Quant aux conflits possibles, peut-être deux ou plusieurs objectifs sont-ils incompatibles? Remaniez alors votre liste pour reporter les objectifs moins importants à plus tard.

Ces obstacles possibles inscrits sur papier, vous passerez à la résolution du problème. Nous y reviendrons plus loin pour vous apprendre le moyen simple et presque mathématique de les résoudre.

Un plan écrit est indispensable, autant que la date de parachèvement.

Souvenez-vous! Au-delà de 1200 pensées assaillent votre esprit toutes les 60 secondes. Si vous n'inscrivez pas ces objectifs et les plans qui s'y rattachent, ils se perdront dans le dédale de vos pensées. Ils ne demeureront qu'une vague idée de ce que vous voulez obtenir. Travaillez à votre livre *Moi* pour découvrir si vous n'auriez pas certaines «bibittes» telles que: peurs, frustrations, cupidité, haine, envie, rancune et jalousie. Si vous en découvrez, travaillez à cultiver les qualités contraires en en faisant autant d'objectifs à atteindre.

MES OBJECTIFS À RÉALISER

Inscrivez ici tous les buts que vous voulez atteindre, qu'ils vous semblent accessibles ou non, y compris tout ce que vous voulez changer en vous ou autour de vous.

Ne tenez pas compte, pour l'instant, de l'ordre d'importance. Si vous manquez d'espace, reproduisez une page identique.

Dans la colonne «Sphère(s) de vie», notez celles dans lesquelles se situe chaque objectif: personnelle, familiale, loisirs, santé, scolaire, carrière, finances, sociale, culturelle, intellectuelle, spirituelle.

MES OBJECTIFS À RÉALISER	SPHÈRE(S) DE VIE

MES OBJECTIFS À RÉALISER	SPHÈRE(S) DE VIE

Suivent les grilles individuelles pour chaque sphère de votre vie. Inscrivez-y vos objectifs par ordre de priorité.

MES OBJECTIFS PERSONNELS

1.	
2.	
3.	
4.	
5.	
6.	
7.	
8.	
9.	
10.	
11.	
12.	
13.	
14.	
15.	

MES OBJECTIFS FAMILIAUX

1.
2.
3.
4.
5.
6.
7.
8.
9.
10.
11.
12.
13.
14.
15.

MES OBJECTIFS
DE CARRIÈRE ET DE TRAVAIL

1.	
2.	
3.	
4.	
5.	
6.	
7.	
8.	
9.	
10.	
11.	
12.	
13.	
14.	
15.	

MES OBJECTIFS FINANCIERS

1.
2.
3.
4.
5.
6.
7.
8.
9.
10.
11.
12.
13.
14.
15.

MES OBJECTIFS DE SANTÉ

1.
2.
3.
4.
5.
6.
7.
8.
9.
10.
11.
12.
13.
14.
15.

MES OBJECTIFS DE LOISIRS

1.
2.
3.
4.
5.
6.
7.
8.
9.
10.
11.
12.
13.
14.
15.

MES OBJECTIFS SCOLAIRES

1.	
2.	
3.	
4.	
5.	
6.	
7.	
8.	
9.	
10.	
11.	
12.	
13.	
14.	
15.	

MES OBJECTIFS INTELLECTUELS ET CULTURELS

1.	
2.	
3.	
4.	
5.	
6.	
7.	
8.	
9.	
10.	
11.	
12.	
13.	
14.	
15.	

MES OBJECTIFS SOCIAUX

1.
2.
3.
4.
5.
6.
7.
8.
9.
10.
11.
12.
13.
14.
15.

MES OBJECTIFS SPIRITUELS

1.	
2.	
3.	
4.	
5.	
6.	
7.	
8.	
9.	
10.	
11.	
12.	
13.	
14.	
15.	

Chapitre 4

LA CRISTALLISATION
DE MON OBJECTIF

L'imagination

Montaigne écrivait: «Une forte imagination produit l'événement.» Einstein ajoutait: «L'imagination est plus importante que le savoir.»

Les pensées que nous entretenons sont aussi palpables, mais plus puissantes que nos muscles.

Alliées à un but très précis, à la persévérance et au désir brûlant de les traduire en objets matériels, en richesses et en succès, ces pensées se matérialiseront.

Si vous savez *exactement* ce que vous voulez et que vous le voulez suffisamment, vous l'obtiendrez!

Mais ce n'est pas à l'aide de votre volonté que vous y arriverez. Tous les efforts de volonté soutenus, vous le savez, conduisent tôt ou tard à l'échec. C'est à l'aide de cette merveilleuse imagination qui vous habite que vous réussirez.

Nos mauvaises habitudes nous ont été apprises. Comme je l'ai déjà mentionné, nous ne pouvons pas nous défaire de ces mauvaises habitudes. Rien ni personne ne nous obligera à continuer d'utiliser celles qui nous sont nuisibles. Vous apprendrez donc, par la fixation des objectifs, et à l'aide de votre imagination, à vous créer les nouvelles et bonnes habitudes qui vous rendront heureux et vous feront atteindre sans effort vos buts.

L'imagination préside à toute création. C'est elle qui donnera forme à vos désirs. C'est elle qui créera l'action parce qu'elle vous motivera.

Commencez donc chaque journée en consultant la puissance infinie qui vous habite: «Que pourrais-je faire, aujourd'hui, pour améliorer ma situation personnelle, mon entreprise, mon travail, ma santé, mes relations familiales et interpersonnelles, mes loisirs, ma vie spirituelle?»

Examinez-vous! Au lieu de chercher à améliorer votre vie, ne déploieriez-vous pas plus d'efforts à vous cacher derrière une fausse sécurité? Seriez-vous celui qui tergiverse inutilement en remettant à demain ou encore qui fait des gestes futiles pour se faire croire qu'il est occupé à un travail utile? Vous êtes un adulte? Combien de vos rêves de jeunesse avez-vous réalisés?

Vous commencez à penser positivement? Imaginez et créez des habitudes de pensées de santé, d'amour et d'amitié, de bonheur, de prospérité et de réussite. Rejetez toute pensée négative.

Si vous avez subi des échecs, placez-les sous le compte de l'inexpérience. Fort de ce que vous en avez appris, changez en vous et autour de vous ce qui doit l'être, et recommencez de plus belle, mais en travaillant dorénavant selon les étapes de cette méthode de la fixation des objectifs.

Vous savez maintenant que, chaque minute, quelque 1200 pensées peuvent traverser votre esprit. De peur de les oublier, consignez dans votre livre *Moi* toutes les idées qui y jaillissent même si, à première vue, elles vous semblent saugrenues. Dans un avenir prochain, vous pourriez découvrir qu'une ou plusieurs de ces idées sont géniales. Laissez votre imagination vagabonder, se promener, puis écrivez! Cette pratique gardera votre subconscient à l'affût et vous serez surpris de ce qu'il pourra vous retourner d'intéressant et de valable.

Faites montre de plus d'audace et de courage. Cultivez des qualités de réussite: patience, tolérance, ténacité, prévoyance, sociabilité, optimisme et bonne humeur.

Chaque jour, créez-vous l'obligation de faire les gestes qui vous rapprocheront de votre but.

Imaginez, préparez et répétez vos plans jusqu'à en connaître les moindres détails. Ainsi, quand il sera temps d'agir, vous saurez exactement quoi faire, quand, où et avec qui. Cette préparation complète bannira toute peur parce que vous saurez.

Suivez ces règles simples, et votre subconscient, cette force infinie qui vous habite, vous conduira, d'étape en étape, jusqu'au but final.

Tout objectif principal comporte des buts intermédiaires, des étapes à franchir. Chaque succès de ces phases transitoires vous motivera et vous convaincra de l'ultime réussite. Si, par exemple, vous voulez devenir un bon joueur de tennis, imaginez que vous atteignez un excellent niveau de jeu, mais en passant par toutes les étapes préliminaires qui vous y conduiront. Devenez membre d'un club de tennis. Regardez jouer les professionnels, sur place ou à la télévision, aussi souvent que vous le pouvez. Suivez des leçons. Lisez des livres sur la technique et la psychologie du tennis. Jouez contre des adversaires plus habiles que vous. Pratiquez ce sport aussi souvent que vous le pouvez. Si la forme physique n'y est pas, entraînez-vous. Il en est ainsi pour tout autre sport que vous voudriez pratiquer et pour tout objectif visé dans quelque domaine que ce soit.

Si vous jouez assez longtemps à faire «comme si», votre subconscient en gravera l'empreinte en vous et traduira cet exercice en réalité bien vivante.

Regardez-vous dans un miroir et ne craignez pas de vous dire que vous êtes beau, grand, dynamique et fort. Vous le deviendrez de plus en plus. Les autres commenceront bientôt à vous voir comme le personnage que vous vous serez forgé mentalement.

Entraînez-vous, jour après jour, à imaginer les domaines de votre vie comme vous voudriez qu'ils soient; vous en créerez ainsi la réalité virtuelle.

Les dictionnaires donnent différentes définitions du mot «imagination». Retenez celle-ci: «Idée consciente ou image mentale de quelque chose qui n'a jamais encore été totalement perçu en réalité.»

Tout ce qui est palpable, concret, réel, tout ce qui existe a d'abord été imaginé. Sans l'imagination... rien! Regardez autour de vous. Tout ce que vous voyez a d'abord été pensé avant de prendre une forme physique. On a osé concevoir des images mentales et elles se sont matérialisées.

Reportons-nous au temps de la préhistoire. Les membres des tribus, quand ils avaient soif, devaient descendre au cours d'eau. Comme les animaux, ils s'y abreuvaient en se penchant pour laper l'eau de leur langue. Un membre trouvait cependant la position incommode et se mit à recueillir l'eau au creux de ses mains. C'était beaucoup plus facile et occasionnait moins de courbatures. Comme l'eau s'écoulait entre ses doigts, il imagina un autre moyen pour la recueillir. Il choisit une feuille d'arbre imperméable... Le premier verre à boire était né. Un autre individu imagina alors un récipient de plus grande capacité, sans doute une large écorce quelconque, qui lui permit de monter l'eau au village. Les membres de la tribu n'avaient plus à descendre au cours d'eau. Ils utilisaient leurs feuilles imperméables pour boire l'eau puisée du plus grand récipient. Tous sortis de l'imagination de leurs créateurs, ces contenants seraient les ancêtres directs de nos pots à eau et de nos verres. Cet exemple est simple, mais il illustre bien que sans l'imagination de nos lointains ancêtres, il se pourrait que nous ayons encore à descendre au lac pour nous y abreuver en lapant. Tout provient de la pensée, de l'imagination et uniquement de cette source.

«Qu'est ce que Dieu?» Première question du petit catéchisme. La réponse: «C'est un pur esprit!» Une pensée. Cet esprit, cette pensée, vous a visualisé, vous a imaginé et... vous êtes là, dans cet immense univers que cette même puissance infinie a créé!

Vous doutez encore que votre imagination puisse transformer en réalisations palpables ce que vous y entretenez? Soyez très présent à cette expérience reprise par plusieurs. Imaginez-vous, tenant un citron dans votre main gauche (plusieurs salivent déjà à la pensée du citron) et un couteau dans votre main droite. Visualisez la scène suivante: en appuyant le citron sur une table, vous y enfoncez le couteau et le tranchez en deux parties. Du jus en coule. Vous levez alors votre main gauche au-dessus de votre tête et vous pressez une partie du citron pour en extraire le jus... qui coule le long de votre bras nu. Portez ensuite le citron imaginaire à votre bouche et mordez dedans à pleines dents...

Si vous ne ressentez pas cette réaction vraiment physique de l'âpreté du jus dans vos mâchoires, recommencez l'expérience avec un vrai citron. Il se pourrait que vous soyez l'exception sur qui un citron n'aurait aucun effet. Je doute que vous ayez à le faire.

Vous ne tenez aucun citron dans votre main, mais vous avez tellement bien imaginé la scène que vous en avez salivé. N'est-il pas vrai que votre subconscient peut créer la forme physique et virtuelle de ce que vous êtes capable d'imaginer?

Tout émane de la pensée et uniquement de la pensée!

Si c'est par hasard que l'homme a découvert la roue quand une pierre s'est mise à dévaler une pente, c'est son imagination qui y a enfourché le premier tombereau.

Les enfants savent s'émerveiller, imaginer, créer au point de vivre leurs visualisations. Ils s'inventent des personnages qui s'actualisent. Ils conversent et jouent avec eux. Ce sont des parents ou des adultes bien intentionnés qui enlèvent à l'enfant toute créativité en lui reprochant de s'embarquer dans l'irréel. Celui-ci cède et cesse d'imaginer pour se conformer. Son esprit créateur s'endort.

Quel que soit votre âge, redécouvrez cet émerveillement qui vous donnera cet enthousiasme si nécessaire à la poursuite de vos buts. Certains, qui sont âgés d'une vingtaine d'années, pensent et agissent en vieillards. On rencontre pourtant des personnes de 80 ans pour qui il est naturel de regarder la vie avec les yeux d'un enfant.

Malheureusement, la pédagogie utilisée dans nos milieux scolaires crée des citoyens dépourvus d'imagination, donc d'originalité et de créativité.

Notre éducation a étouffé beaucoup de nos besoins émotionnels essentiels qui ne trouvent plus les réponses requises. Nous nous enfermons dans le cynisme, nous nous endurcissons pour éviter de souffrir. Il n'est donc pas étonnant que nous recourions aux tranquillisants et aux antidépresseurs ou tout autre calmant, aux drogues de toutes sortes, aux boissons alcoolisées, à la cigarette, à un surplus de nourriture susceptible de nous soulager de nos malaises psychosomatiques. L'andragogue l'a compris. Aussi tient-il uniquement compte des aptitudes de l'apprenant pour l'aider à découvrir ses besoins éducatifs propres et l'appuyer dans ses apprentissages. De là à transposer ses besoins éducatifs à la globalité de ses besoins, il n'y a qu'un pas à franchir. L'apprenant ainsi traité ne se sent pas menacé et peut calmement parfaire ses connaissances.

On vous a appris à vous soumettre à toute autorité représentée par les plus instruits que vous, par l'argent, par le statut social, par les titres et les pouvoirs familiaux, religieux et politiques. Plus vous pliez l'échine, plus on peut vous contrôler et vous exploiter.

Apprenez à utiliser votre imagination au maximum. Elle a été freinée? étouffée? Il est consolant de savoir que vous pouvez la réveiller. Sans imagination, impossible de se fixer d'objectifs.

Méfiez-vous de vos proches. On se sent à l'aise face à vous. Vous ne dérangez rien ni personne. Dès que vous aurez commencé à vous fixer des objectifs, cependant, certains commenceront à vous trouver importun et inventeront tous les moyens à leur portée pour semer le doute en vous. Tenez le coup et n'écoutez que la puissance infinie qui vous habite. Bravo, si votre entourage a l'esprit assez ouvert pour vous encourager, mais ce sera exceptionnel!

L'adage «Nul n'est prophète en son pays» n'est que trop vrai. Comme je viens de le mentionner, ce sont souvent vos proches qui seront les derniers à reconnaître vos qualités et votre génie. D'autres voudront que vous connaissiez l'échec par jalousie.

Si vous êtes «vite»

Si vous possédez le talent de penser et d'agir plus rapidement que ceux qui vous entourent, il vous est sans doute plus facile de cerner immédiatement les données d'une situation, de conclure une affaire ou d'intervenir efficacement. Servez-vous de cette habileté, mais gardez-vous bien de la faire sentir aux autres. Ne tentez surtout pas d'intervenir à leur place s'ils sont déjà engagés dans une activité, à moins que cette activité ne puisse vous nuire. Si, par exemple, vous maîtrisez l'art de vous exprimer en public, ne vous proposez pas pour animer un événement qui doit l'être par un autre, même si cet autre est bègue. Cette personne vous en voudra à jamais de lui avoir fait sauter l'occasion de se valoriser devant un public et elle travaillera à vous nuire à chaque occasion qui se présentera.

À maintes reprises, j'ai entendu ce genre de commentaire à propos des qualités d'une personne reconnue pour sa vivacité et à qui on voulait s'associer: «Il est honnête, mais méfie-toi... C'est un vite!» Cette remarque, chargée de sous-entendus mesquins, a fait rater de merveilleuses occasions à plus d'un et qui aurait pu devenir un extraordinaire atout pour la réussite d'un projet et le bien de ses associés éventuels...

Ceux qui sont moins brillants que vous pourraient devenir envieux et jaloux. Ils ne manqueraient pas alors de court-circuiter vos projets. Sachez que vous êtes brillant... mais ne l'affichez pas trop! Laissez les autres s'en apercevoir et reconnaître que cette qualité qui vous habite pourrait les faire bénéficier d'une précieuse aide.

L'intuition

Voici ce que le dictionnaire dit de l'intuition: «Connaissance directe et immédiate sans avoir recours au raisonnement; pressentiment; faculté de comprendre, de deviner.»

Les synonymes affluent: inspiration, illumination, instinct, prémonition, flair, pressentiment, impression, clairvoyance, nez, perspicacité, prescience, révélation.

J'ai aussi lu quelque part que l'intuition, c'est la force avec laquelle des idées impensables surgissent de nulle part.

Ce sixième sens est celui par lequel votre subconscient vous offrira, sans effort de votre part, des solutions insoupçonnées.

C'est la portion de la puissance infinie qui vous habite par laquelle les idées, les projets et les pensées jaillissent dans votre esprit. Cette force défie toute description. Impossible de la brancher ou de la débrancher selon son bon plaisir.

Ce sixième sens se développera en vous, et de plus en plus, en utilisant les principes de la fixation des objectifs enseignés dans ce livre.

Quand vous ressentirez cette inspiration à faire un ou des gestes et que cette impression n'aura de cesse de vous habiter, écoutez-la et suivez-la. Il s'agit de conseils directs qui vous conduiront à la réussite.

On nous a tellement contrôlés de l'extérieur, en nous imposant le mode de penser et de vivre des autres, que nous n'écoutons même pas cette voix intérieure qui est pourtant notre meilleur guide. On nous a appris à tenter par tous les moyens d'atteindre des buts fixés par les autres: richesse, renommée, gloire, possessions matérielles de toutes sortes, bienséance, honneurs, plaquettes murales de reconnaissance pour quelque mérite... et combien d'autres. Sauf que nous sommes peut-être devenus snobs et privés de l'impression et de la satisfaction de vraiment vivre selon nos goûts propres.

Le docteur Wayne Dyer, dans son livre *Objectif, l'infini! (The Sky's the Limit)*, rapporte que des chercheurs ont établi qu'en Occident, 75 % de la population est essentiellement contrôlée par des éléments extérieurs. Mon expérience personnelle me révèle que ce pourcentage est plus que conservateur et j'opterais plutôt pour l'élever à 90 %.

À compter de ce jour (je vous rappelle qu'il s'agit du *premier* jour du reste de votre vie), choisissez donc de vous écouter, vous. Vivez selon vos goûts, vos désirs, et... vos intuitions. Encore ici, votre livre *Moi* se veut l'outil idéal pour découvrir à quels contrôles extérieurs vous obéissez. Vous pourrez changer vos habitudes et n'écouter que vos voix intérieures pour vivre une tranquille sérénité. Vous choisirez alors de répondre oui ou non à ce qui provient des autres selon que cela vous sera utile ou non.

Dyer conseille d'observer attentivement où et quand les autres tentent de vous contrôler pour satisfaire leurs propres ambitions. Ce peut être un parent qui abuse de vous en exigeant que vous l'hébergiez alors que cela dérangera votre vie familiale. Un ami voudrait-il vous emprunter de l'argent alors que cela ne vous intéresse pas? Tirez la situation au clair, en reconnaissant toutefois que si on vous manipule, c'est parce que vous le permettez. Je le réitère: cessez de subir les événements, créez-les!

Ne craignez pas de consulter votre pouvoir intuitif... Questionnez votre intuition. Cet esprit intuitif est précis et ne se trompe pas. Il vous répondra clairement. Il vous est peut-être arrivé, dans le passé, de ressentir de très forts messages de votre intuition et de ne pas lui avoir obéi. Ne le regrettez-vous pas aujourd'hui?

Vous connaissez sans doute le stratagème des *pour* et des *contre* pour vous aider à prendre une décision. Sur une page blanche, indiquez, au haut, la situation qui demande une prise de décision. Tracez ensuite une ligne verticale au centre de cette page. Inscrivez les *pour* d'un côté, et les *contre* de l'autre. Retirez-vous dans un endroit calme où vous réviserez ces écrits, puis laissez votre subconscient vous guider. La réponse sera claire. Vous ressentirez pendant des heures, voire des jours, les pulsions directrices de votre intuition. Agissez alors!

Abandonnez les désirs et les projets qui sapent votre énergie et vous détournent de vos objectifs réels.

La visualisation

La visualisation, c'est la représentation, par l'imagination, d'un objectif très précis, fixé dans ses moindres détails, qui fera se matérialiser cet objectif.

On se rappelle que de 3 à 21 répétitions espacées d'un même geste en créent l'habitude. Combien de répétitions agissent pour vous ? Je l'ignore. Ne prenez donc pas de risques. Répétez chaque exercice au moins 21 fois. Pour ce faire, vous vous aiderez de l'alphagenèse, dont je vous explique la méthode (voir la page 215), ou d'un autre mode de détente.

En état de détente, entraînez-vous à visualiser avec précision ce que vous voulez obtenir. Vous avez découvert quelles qualités et quelles capacités vous devez posséder, quels événements doivent survenir, qui vous devez rencontrer. Visualisez le tout, et votre subconscient mettra toutes les conditions et les personnes indispensables sur votre chemin.

N'ayez pas peur de penser en fonction de grandeur et de beauté. Vous êtes aussi grand que n'importe qui. Cette grandeur est à votre portée. Pourquoi ne seriez-vous pas celui qui résoudra un problème exceptionnel qui mine les habitants de la planète ?

Apprenez à visualiser le futur avec précision, tel que vous le souhaitez, comme s'il était déjà là.

Vous vivez pour la première fois un événement. Pourtant, il vous semble l'avoir déjà vécu, même si cela vous paraît impossible. Inquiétant ? Aucunement. Il s'agit d'un événement que vous avez imaginé auparavant, mais avec une telle précision des détails qu'il vous semble l'avoir vécu. Vous l'aviez tout simplement visualisé !

Tous peuvent visualiser. Vous êtes capable de reproduire en pensée la senteur et le goût d'un aliment. Vous pouvez imaginer la voix de personnes que vous connaissez. Vous pouvez vous rappeler un visage ou un paysage déjà vu tout comme vous pouvez éprouver la froide sensation d'un marbre sans le toucher.

Il paraît que Michel-Ange visualisait tellement bien ses personnages à sculpter que, justement, il ne les sculptait pas. Il enlevait tout simplement le surplus de pierre qui masquait son chef-d'œuvre.

Si vous pouvez décrire et imaginer un plan dans ses moindres détails jusqu'à ce qu'il vous apparaisse dans toute sa limpidité, ajoutez-y la vie et joignez-y les émotions que sa réalisation vous apportera. Alors, vous saurez que vous visualisez.

Visualisez les personnes que vous voulez rencontrer, les faits que vous voulez créer, l'argent dont vous avez besoin. Parce qu'ils pensent que l'abondance n'est pas pour eux, bien peu de gens sont capables de penser en fonction de millions de dollars. Quelle que soit la somme impliquée, le tout ne se rapporte qu'à des zéros additionnels. La visualisation d'une somme ou d'une autre ne requiert pas plus d'énergie.

Inventez, avec clarté et précision, les circonstances qui vous feront réaliser ce que vous désirez. Procurez-vous les photographies ou les dépliants publicitaires des objets matériels que vous voulez obtenir et affichez-les dans un endroit où vous pourrez aisément les admirer tout en rêvassant aux plaisirs qu'ils vous procureront. Visitez les endroits où on vend ces biens.

Imaginez une sorte de théâtre mental où s'entrecroisent les acteurs nécessaires à la réalisation de vos buts. Que les scènes en soient très précises... Il ne restera plus à toutes ces pensées cristallisées qu'à prendre forme dans la réalité.

Dans son livre *Le filon d'or caché au fond de votre esprit*, Anthony Norvell mentionne, sans toutefois dire comment cela s'est produit, que Einstein aurait prouvé que l'énergie mentale et la matière sont interchangeables.

Je le répète, votre subconscient ne reconnaît ni le passé ni le futur. Vous devez donc visualiser au présent, comme si votre objectif était atteint. Petit caporal, Napoléon se voyait déjà l'empereur qu'il est devenu. Il retint les services d'un tragédien français à qui il demanda de lui enseigner à marcher et à parler comme un empereur. On connaît le reste. Napoléon ne faisait même pas 1,50 m, mais il devint un grand homme.

Que vos objectifs soient toujours personnels. Qu'ils vous mènent à la réussite *de* votre vie et non pas à votre réussite *dans* la vie selon les critères des autres. Préféreriez-vous une vie paisible, à l'aide de revenus suffisants, à la richesse matérielle ou à un haut poste de commande? La méthode suggérée dans ce livre vous aidera tout autant à y parvenir.

Cette visualisation précise est plus efficace quand on la pratique en état de détente totale.

Condition n° 1: la détente

Le docteur Anthony Zaffuto utilisait l'hypnose pour amener ses patients en état de détente jusqu'à ce qu'il découvre l'alphagenèse, science qu'il perfectionna au point de la rendre mesurable. Après en avoir testé plusieurs, c'est cette méthode que je préconise. D'autres choix s'offrent à vous, mais vous seul devez déterminer ce qui vous convient.

Dès 1910, Émile Coué, un pharmacien et psychologue, affirmait, avec raison, que chaque fois où on confronte sa volonté à son imagination, celle-ci triomphe inévitablement. Qui dit volonté, dit effort! Les efforts, c'est épuisant. Vous n'utiliserez donc pas votre volonté.

Condition n° 2: l'imagination

Vous avez plus tôt appris que la création d'une habitude nouvelle requiert de 3 à 21 répétitions espacées.

Condition n° 3: la répétition

Résumons: détente, imagination, répétition.

Apprendre, c'est absorber de nouvelles pensées, de nouvelles idées, pour les fixer définitivement dans son cerveau.

C'est en état de détente (certains diront d'autohypnose) qu'on peut rapidement et facilement s'inculquer de nouvelles connaissances qui demeureront. Cela fait peur à la plupart des éducateurs. Ils trouvent moins dérangeant de s'en tenir aux méthodes conventionnelles de mémorisation qui aident à passer les examens requis même si on en oublie le «par cœur» dans les jours qui suivent. La médecine conventionnelle commence à peine à s'intéresser à cette méthode... N'est-ce pas à l'aide de la suggestion qu'on apprend aux futures mères à accoucher sans anesthésie et presque sans douleur?

Même si vous pensez avoir été malchanceux et victime des circonstances, c'est vous qui avez choisi votre manière d'être. Vous devriez être enchanté de l'apprendre. Ceci indique que vous possédez tout en vous pour vous créer un avenir plus heureux. Vous y arriverez avec les trucs appris dans ce livre.

Le docteur Schiff raconte qu'en état de détente, devant le téléviseur, nous recevons une multitude de messages publicitaires qui s'enregistrent directement dans notre cerveau. La vue du produit et le texte deviennent des suggestions mentales auxquelles nous réagirons plus ou moins consciemment, selon la profondeur de notre détente. Il suggère l'utilisation de cette méthode à notre profit en créant nos propres réclames pour atteindre nos objectifs.

Souvenez-vous : 21 répétitions, 21 jours pour vous en créer l'habitude.

C'est simple! En état de détente, vous exprimez clairement à votre subconscient ce que vous voulez lui dire.

Visualisez vos succès, par exemple, en imaginant qu'on vous présente une plaquette dorée pour souligner vos accomplissements. Joignez-y l'image de ceux que vous aimez qui tressaillent de joie devant votre réussite.

Une image ne vaut-elle pas 1000 mots? Ne prenez tout de même aucun risque. Accompagnez cette visualisation de phrases qui s'y rapportent. Ces énoncés seront courts et simples. Évitez toute insinuation négative. Si vous aimez fumer, mais que vous voulez cesser de le faire, vous direz : «La cigarette nuit à ma santé», ou encore : «J'aime fumer de moins en moins et les bienfaits que je découvre de plus en plus» au lieu de : «Je déteste fumer.» Votre subconscient n'accepterait pas cette dernière assertion, puisqu'il en détecterait la fausseté. Ces mots et ces images vous aideront à vous défaire de toutes vos pensées sombres et négatives qui ne vous apportent que des émotions troublantes.

Je vous le répète, votre subconscient gobe bêtement tout ce que vous lui dictez. Il n'a ni passé ni futur. Il n'agit qu'au présent. Évitez donc les messages conjugués au futur.

Utilisez des suggestions simples que vous ferez sans effort. L'effort causerait un épuisement mental qui vient en conflit avec une détente profonde.

C'est encore Émile Coué qui a inventé la merveilleuse et simple suggestion universelle suivante: «Tous les jours, à tous les points de vue, je vais de mieux en mieux.» Personne ne peut réfuter une telle affirmation. Vous devriez commencer votre autosuggestion en répétant cette assertion jour après jour. Certains ont imaginé une sorte de chapelet contenant une trentaine de grains à l'aide duquel ils répètent mécaniquement la phrase qui précède. Excellente idée. Joignez-y une image positive où vous vous voyez debout, très droit, respirant un grand bol d'air et de santé. Ajoutez toujours les sensations que vous éprouverez quand vous aurez atteint votre objectif.

Votre livre *Moi* devrait vous fournir des mots et des images à utiliser pour vos suggestions personnelles.

Si vous visualisez vos idées et vos pensées avec précision, vous n'aurez pas à vous battre pour les réaliser; elles parcourront d'elles-mêmes le chemin.

Puisque nous sommes des ordinateurs, les puces qui habitent notre cerveau sont sensibles aux images que nous leur montrons. Ce sont ces images mentales de ce que nous nous croyons capables ou incapables de faire qui déterminent nos réactions et nos degrés de réussite... ou d'échec.

La visualisation relie l'esprit et le corps pour susciter l'action, transformant ainsi le désir mental en sa réalisation physique.

Voici donc la recette indispensable à la réalisation de vos nouvelles idées et pensées:

- Choisir un endroit calme, où on ne vous dérangera pas;
- Par l'alphagenèse (ou autrement), atteindre un état de détente totale;
- Visualiser des images précises, en détail et en couleur, y joignant des phrases courtes et répétitives de ce que vous désirez;
- Y joindre le plus possible vos cinq sens;
- Imaginer les sensations que vous fera éprouver la réussite;
- Répéter le tout fréquemment.

Tous les spécialistes de la méditation et de la visualisation s'accordent pour dire qu'une pratique efficace de ces méthodes demande deux séances par jour, préférablement au lever et en fin d'après-midi. Commencez à visualiser ces buts comme étant atteints pour mieux en imprégner votre subconscient.

À la condition que votre conscient cesse d'intervenir, vous assisterez rapidement à la réalisation systématique de vos objectifs. Laissez le processus se dérouler sans chercher à le contrôler.

Dès qu'une nouvelle habitude désirée est acquise ou qu'un objectif est atteint, passez à un autre.

La détente

En 1996, une enquête menée auprès de 269 médecins américains a révélé qu'au-delà de 50 % d'entre eux incorporaient des techniques de détente ou de méditation dans le traitement de leurs patients.

Herbert Benson a démontré, dans une recherche, que si le stress chronique représente un danger corporel, la méditation quotidienne peut réduire ce stress et apporter une détente bienfaisante.

Après de nombreuses recherches pour trouver un palliatif de l'hypnose – car beaucoup de ses patients n'y répondaient pas –, le docteur Anthony Zaffuto s'intéressa aux ondes alpha.

Il créa l'alphagénique, méthode par laquelle celui qui la pratique peut s'autorégler sans l'aide d'un thérapeute.

Des quatre niveaux d'action des ondes cérébrales décrits à la page suivante, il s'agit, pour vous, d'atteindre l'état alpha, soit le niveau 25. C'est à ce niveau que votre subconscient est le plus suggestible. Vous y ressentirez un calme et une relaxation profonde qui vous garderont conscient de votre entourage, mais où vous ne sentirez presque plus votre corps. C'est au niveau alpha 25 que vous donnerez à votre subconscient les ordres et les images clairs, complets et précis de vos objectifs pour qu'il les assimile et les concrétise pour vous.

À alpha 25, vous atteindrez un état de conscience *passive* où vous éviterez tout raisonnement pour rester attentif à une seule pensée, un seul son ou une seule sensation. Votre esprit se concentrera sur un seul point. En fait, il s'agit d'une autre forme de méditation qui agit de la même façon sur le métabolisme. En plus de travailler à concrétiser vos objectifs, les deux sessions de détente par jour préconisées vous apporteront une diminution importante de votre stress et l'équilibre recherché entre votre esprit et votre corps.

Je vous encourage fortement à vous procurer l'ouvrage du docteur Zaffuto (voir la bibliographie à la page 237) pour en connaître davantage sur cette forme de détente que vous pourrez faire par vous-même.

Si, au début, il est suggéré de pratiquer cette forme de détente dans un endroit retiré, calme et sans bruit, vous pourrez très rapidement la faire n'importe où, sans vous laisser distraire par l'environnement et ses bruits.

Le compteur alphagénique

J'emprunte ici au docteur Zaffuto la reproduction du compteur alphagénique pour que vous compreniez bien de quoi il s'agit.

NIVEAU		SENSATIONS MENTALES	SENSATIONS PHYSIQUES
B	100	état de veille	forte tension
Ê	95	agitation, frustration	métabolisme élevé
T	90	conscience des cinq sens	mains moites
A	85	très éveillé	capacité de travail élevée
	80	conscience active	hyperactivité
	75	pensée active	résistance élevée
	70	agréablement éveillé	état agréable, repos, observation facilitée
	65	consciemment éveillé	état d'observation
	60	pensées normales	en repos physique
	55	pensées faciles	début de la détente
	50	pensées moins actives	calme accru
A	45	présomnolence	régression des sensations
L	40	suggestibilité accrue	conscience passive
P	35	conscience présente	engourdissement
H	30	absence de sensations	détente profonde
A	25	atteinte alphagénique	passivité totale
T	20	somnolence	inconscience
H	15	début d'inconscience	inconscience
Ê	10	inconscience	inconscience
T			
A			
D	5	sommeil profond	
E	0		
L			
T			
A			

La détente alphagénique

Les positions

La colonne vertébrale doit être droite pour favoriser l'alignement des énergies du corps et pour prévenir la somnolence.

1. Position assise

Fauteuil à dossier droit, colonne vertébrale appuyée à la hauteur du dossier, bras appuyés sur ceux du fauteuil ou sur les cuisses.

2. Position par terre

Assis par terre, sans appui; colonne vertébrale très droite, genoux pliés, jambes croisées à la hauteur des chevilles, bras contre les cuisses.

3. Position couchée

Sur le dos, jambes écartées, bras le long du corps. À n'utiliser que si on est trop tendu pour utiliser la position assise.

La première position est préférable aux deux autres parce qu'elle permet de rester éveillé et qu'elle laisse les énergies circuler librement.

Surtout pour les premières inductions, on choisira un endroit calme où on est assuré de n'être pas dérangé.

On desserre ses vêtements et on se débarrasse de tout ce qui pourrait nous gêner.

Demi-obscurité.

Température confortable, sans courants d'air.

Installez-vous confortablement, fermez les yeux et imaginez une sorte de thermomètre gradué de 100 ° à 0 °, du haut vers le bas. Imaginez une aiguille mobile qui indique le chiffre correspondant à votre état d'esprit. Il s'agit du compteur alphagénique. Vous synchroniserez la descente de cette aiguille vers l'état alpha 25 au fur et à mesure de votre détente.

Au début de l'induction, vous devriez vous situer aux environs du niveau 65 du compteur.

À alpha 25, votre corps *dort* alors que votre esprit reste éveillé. C'est à cet état que votre subconscient accepte le mieux les suggestions, vos commandements.

Faites-les deux fois par jour, préférablement au lever et en fin d'après-midi si possible. Durée approximative de 20 minutes.

Dans une des positions préconisées précédemment, repassez *très lentement* chaque zone de votre corps en vous suggérant la détente complète de chacune d'elles, en commençant par vos pieds. Vos pieds se détendent... de plus en plus... vous les sentez lourds... lourds... lourds. Et ainsi de suite pour chaque partie de votre corps jusqu'à la tête. Pendant ce temps, représentez-vous le compteur alphagénique gradué et accompagnez votre détente de la descente des chiffres par cinq degrés jusqu'à ce que vous atteigniez les sensations décrites ci-dessus de l'état alpha 25.

C'est à ce niveau, pendant environ deux minutes, que vous donnerez à votre subconscient les suggestions précises, en images et en mots, des buts que vous souhaitez atteindre.

Après ce temps, afin de revenir à l'état de veille, suggérez-vous de commencer lentement à remonter vers alpha 65, par cinq degrés, en devenant de plus en plus conscient de chaque zone de votre corps... puis des bruits environnants et, finalement, vous sentir bien éveillé, calme et plein d'entrain.

J'ai créé, à votre intention, une cassette visant spécifiquement l'atteinte de cet état alpha 25. Par la répétition de son écoute et la suggestion que j'y ai incluse à cet effet, vous pourrez bientôt atteindre l'état alpha 25 presque instantanément. L'envers de cette cassette vous dirigera vers un sommeil réparateur (voir à la page 238 comment vous procurer la cassette suggérée et d'autres susceptibles de vous aider à vaincre diverses difficultés).

S'il s'avérait trop difficile pour vous d'utiliser la méthode alphagénique sans l'aide de la cassette, il existe d'autres modes de détente. Celle qui suit est toute simple et peut aussi vous mener aux résultats voulus.

La relaxation progressive de Jacobson

Cette méthode consiste à contracter au maximum, les uns après les autres, chacun des muscles de votre corps pour les laisser ensuite se détendre jusqu'à ce qu'ils atteignent une totale décontraction.

Position couchée

1. Pliez les orteils vers le bas.
2. Poussez les pieds vers le bas.

3. Poussez les pieds vers le haut.

4. Resserrez les muscles des cuisses.

5. Serrez les fesses ensemble.

6. Courbez le dos.

7. Rentrez le ventre et poussez le dos contre le plancher.

8. Tirez les épaules vers l'arrière.

9. Pliez et serrez les doigts.

10. Levez les mains vers les poignets.

11. Pliez les poignets vers le bas.

12. Étendez les coudes bien droits.

13. Haussez les épaules.

14. Rentrez le menton et pliez la tête vers l'arrière.

15. Amenez le menton vers le thorax.

16. Plissez le front.

17. Froncez les sourcils.

18. Fermez les yeux et serrez les paupières.

19. Sans bouger la tête, dirigez les yeux le plus loin possible vers le haut, le bas, et de chaque côté.

20. Serrez les mâchoires.

21. Poussez le sourire au maximum.

Respirez profondément à trois reprises et ressentez le calme qui vous habite. Vous êtes maintenant prêt à la visualisation de votre objectif.

Préparation à la grille *Cristallisation de mon objectif*

Reproduisez, pour chaque objectif à atteindre, cette grille en y inscrivant:

1. L'objectif à atteindre.

2. La ou les sphères de votre vie dont cet objectif fait partie.

3. La date d'inscription.

4. La date cible (date prévue pour l'atteinte de cet objectif).

5. Ce que vous êtes prêt à offrir pour la réussite de cet objectif.

6. Les étapes à franchir (plan *précis* de tous les gestes à faire, des obstacles à surmonter, des personnes à rencontrer et à solliciter, de vos connaissances personnelles à acquérir, enfin de tout ce qui doit intervenir pour la réussite ultime). S'il survient un problème, utilisez le document *Analyse de problème* à la page 225.

7. Les bénéfices attendus (à qui et à quoi cet objectif servira-t-il?).

8. Le groupe cerveau-maître (qui doit en faire partie selon les critères déjà discutés dans ce livre, et pourquoi).

9. La visualisation requise (image et suggestions) pour l'atteinte de cet objectif.

10. Vos notes de progression (elles serviront à établir où vous en êtes en tout temps et vous indiqueront si votre cheminement dans le temps est réaliste. Si votre progression ne satisfait pas vos prévisions, la date de réussite devrait peut-être être reportée).

11. La date à laquelle vous avez réussi.

12. Vos commentaires sur l'apprentissage que vous avez vécu.

GRILLE DE LA CRISTALLISATION DE MON OBJECTIF

INDISPENSABLE: RELIRE CETTE GRILLE À HAUTE VOIX DEUX FOIS PAR JOUR.

1. OBJECTIF: _____
    _____

2. SPHÈRES SOUS LESQUELLES MON OBJECTIF EST INS-CRIT: _____
    _____

3. DATE D'INSCRIPTION: _____
4. DATE CIBLE: _____
5. QUE SUIS-JE PRÊT À OFFRIR?

6. LES ÉTAPES À FRANCHIR

a)
b)
c)
d)
e)
f)
g)
h)
i)

7. LES BÉNÉFICES ATTENDUS

8. LE GROUPE CERVEAU-MAÎTRE

QUI?	POURQUOI?

9. LA VISUALISATION

IMAGES	SUGGESTIONS (LES MOTS)

10. PROGRESSION

DATE	COMMENTAIRES

11. DATE DE RÉUSSITE: _____

12. COMMENTAIRES

ANALYSE DE PROBLÈME

Si, chemin faisant, vous faites face à un ou à des problèmes, utilisez cette grille en suivant les étapes suggérées. N'indiquez qu'un problème par grille. Je vous livre, ici, un exemple.

Description du problème

L'entretien de ma pelouse.

Causes du problème

Trop de soleil.
Manque de pluie.
Manque d'engrais.

Conséquences du problème

Ma pelouse est jaunie.

SOLUTIONS POSSIBLES	CONSÉQUENCES PRÉVISIBLES
Arroser régulièrement.	Je dois être disponible pour l'arrosage.
Étendre de l'engrais. étendre (coût).	L'acheter et l'étendre ou le faire
Faire installer des gicleurs automatiques.	Le coût possiblement élevé.
Retenir les services d'un préposé.	Coût et fiabilité.

Solution retenue

Étendre moi-même l'engrais.
L'installation de gicleurs automatiques.

Besoins découlant de la solution retenue

Acheter et étendre moi-même l'engrais requis.
Demander des estimations de coûts pour l'installation des gicleurs.
Choisir l'installateur en fonction du coût et de sa compétence.
Si requis, obtenir l'emprunt nécessaire.

CONCLUSION

«Quel beau métier que d'être un homme sur la terre!»

Maxime Gorki

Le corps danse au son de la musique de l'esprit. Le bien-être mental préside au bien-être physique.

Ce livre vous a enseigné à changer ce mental. Parlons maintenant de votre structure physique. Changez vos traits relâchés pour adopter une posture droite et attrayante. Apprenez à vous mouvoir, à marcher, à agir et à penser pour aider votre corps à devenir vigoureux.

Déplacez-vous telle une personne sûre d'elle-même.

Parlez en personne sûre d'elle-même.

Agissez en personne sûre d'elle-même.

Faites les activités physiques que vous aimez, même si elles sont moins vigoureuses. Si vous aimez ce que vous faites, vous persévérerez. Si vous détestez courir, ignorez le jogging... tôt ou tard, vous abandonnerez.

Ceux qui ont découvert la marche ne peuvent plus s'en passer.

«*Count your blessings*», suggère la chanson américaine. Comptez les bienfaits qui sont les vôtres. N'êtes-vous pas plus riche que ceux qui vous entourent et qui sont pauvres ou malades? qui ont faim? qui sont en prison? Vivez dans cet éternel présent. Visualisez la richesse. Évitez de désirer plus que vous ne pouvez utiliser, mais commencez tout de suite à mener l'existence que vous souhaitez.

Dans le passé, vous viviez pour l'avenir. Le moment présent est cet avenir. C'est le seul moment dont vous puissiez être certain. Vivez-le donc pleinement, mordez dedans à pleines dents, à chaque seconde qu'il vous offre.

Aimez la vie, aimez l'amour.

Aimez l'argent, non pour l'argent lui-même, mais pour ce qu'il peut vous procurer, à vous et aux vôtres. Ne vous y attachez pas en avare, il vous ferait crever. Laissez-le vous pénétrer, utilisez-le pour combler vos besoins et vos désirs, puis laissez-le rejaillir sur les autres.

Depuis que vous mettez en application les principes découverts dans ce livre, plusieurs changements se sont opérés en vous. Même si vous persistiez à manger du sucre et de la farine raffinés, je doute que vous les considériez maintenant de la même manière qu'auparavant. Vous avez appris à vous fier à vos intuitions. Vous savez que votre subconscient peut transformer vos désirs les plus osés en matière palpable et réelle.

À chaque rencontre avec d'autres, vous transportez en vous ce que vous ressentez. Un interlocuteur perspicace aura tôt fait de déceler vos idées défaitistes ou négatives. Ces sentiments transparaissent dans votre visage, votre démarche et votre voix. Votre manque d'assurance se lit facilement sur votre visage. Forgez-vous donc un esprit qui parlera de bonheur, de succès, d'équilibre et de puissance.

J'insiste cependant sur les activités primordiales suivantes:

• Mettre à jour votre livre *Moi* et y écrire toutes vos pensées, vos réactions devant ce qui vous arrive. Y raconter tout ce qui vous est le plus intime pour que vous puissiez en tout temps disséquer clairement ce qui se passe en vous. Vous deviendrez ainsi capable de choisir des réactions positives face à n'importe quel événement;

- Établir vos besoins réels;

- Fixer vos objectifs avec clarté et précision;

- Par l'alphagénèse ou autrement, en état de détente, jour après jour, nourrir votre subconscient, votre esprit, des visualisations de succès auxquels vous avez entièrement droit;

- Accepter et intégrer en vous les changements inévitables, et créer ceux qui seront utiles à vos buts;

- Faire tous les gestes nécessaires pour garder votre enthousiasme;

- Trouver la ou les solutions positives et constructives à vos problèmes.

N'attendez de récompenses de personne. L'atteinte de vos objectifs deviendra votre récompense suprême.

Ne critiquez pas, accomplissez-vous! Sans blesser, conservez une franchise et une honnêteté proverbiales.

Recherchez en tout temps le Beau, le Grand et le Bien.

Passé? Futur? Non! Le moment présent... pour vous créer les beaux souvenirs de demain.

Envie et jalousie? Mauvaises conseillères!

Quel que soit votre âge, il présente des avantages dont vous tirerez parti.

Demeurez responsable de votre santé et ne l'abandonnez entre les mains de quiconque.

Évitez de vous laisser manipuler. Si cela se produit, corrigez immédiatement la situation.

Le rire, l'humour? Souvent des soulagements au stress. Soyez capable de rire d'une situation et, surtout, de vous-même.

Races? Religions? Non. L'humain? Oui!

Échec ou réussite, tout est apprentissage. Tirez le meilleur de tout.

J'ai laissé à d'autres la mention des hauts faits d'êtres exceptionnels connus : Socrate, Platon, Archimède, Rousseau, Descartes, Gassendi, Lincoln, Emerson, Marconi, Bell, les Curie, Pasteur, Shakespeare, Hugo, Mozart, Chopin, Rembrandt, Picasso, Einstein, Pascal, Freud, Jung, Rogers et tous les autres. Votre subconscient contient le potentiel nécessaire pour que vous deveniez aussi extraordinaire qu'eux. Plusieurs le deviendront, qui ne seront pas nécessairement aussi connus.

Jugez les autres en raison de leurs qualités intrinsèques, non pas pour leur richesse matérielle ou leur statut social.

Apprenez à vous détendre, à vous reposer, à jouir des vacances.

Faites *vos* propres choix, refusez d'agir selon ceux des autres. La méthode enseignée dans ce livre fonctionne parce qu'il s'agit d'un programme complet, centré entièrement sur *vous*, *vos* buts, *votre* façon de penser, *vos* solutions aux problèmes, *votre* image personnelle, *votre* esprit et *votre* corps.

Cette méthode cessera d'en être une pour devenir votre mode de vie habituel.

Aimez-vous, admirez-vous, respectez-vous et les autres agiront ainsi vis-à-vis de vous! Profitez bien de tout ce que vous avez découvert en vous. Que la paix vous habite pour toujours!

ADDENDAS

Credo de la réussite

1. Je sais que je possède l'habileté de mener à bien mon objectif premier : réussir ma vie.

2. Je me rends compte que les pensées que j'entretiens deviendront des gestes concrets et palpables qui se transformeront en réalités.

3. J'exige de moi de la persévérance dans mes pensées et mes actes, ce qui me mènera à ce but ultime et à tous les autres objectifs que je voudrai atteindre. Je promets, ici, maintenant, de faire tous les gestes nécessaires pour y parvenir.

4. Je sais qu'à travers la pratique de la détente, je concrétiserai tous les désirs qui sont en moi. J'y consacrerai donc le temps quotidien nécessaire et travaillerai à me créer de nouvelles habitudes indispensables.

5. J'inscris clairement la description de mes objectifs et j'établis les étapes à franchir pour y parvenir.

6. Je reconnais qu'aucune réussite ne peut durer à moins qu'elle ne soit construite sur la franchise, la vérité et la justice. Je ne m'impliquerai donc que dans des transactions qui bénéficieront à tous ceux qu'elles concernent.

7. Je sais que c'est en attirant la force et la coopération des autres que je réussirai. Je convaincrai donc les autres de

me servir en raison même de ma volonté de les servir aussi. Ils croiront en moi autant que je croirai en eux.

8. J'éliminerai de mon esprit toute pensée de haine, d'envie, de jalousie, d'égoïsme malsain et de cynisme. Je développerai de l'amour pour l'humanité entière, sachant que toute attitude négative pourrait me nuire.

9. J'apprendrai à me comprendre, à me pardonner et à m'aimer pour mieux communiquer aux autres ce bonheur qui m'habite.

10. Je supprimerai de ma vie toutes les habitudes et tous les aliments malsains pour moi.

11. Je boirai en grandes quantités cette eau indispensable à la vie et je respirerai à pleins poumons cet air si précieux à ma santé mentale et physique.

12. Je décide, en ce jour, de m'engager régulièrement dans des activités physiques qui me garderont jeune et en grande forme constante.

J'ai le droit!

Au cours de mes nombreuses expériences en relation d'aide, plusieurs m'ont remis ou fait parvenir des pensées, des poèmes ou des textes significatifs.

En voici un intitulé *Être heureux aujourd'hui ; la charte du bonheur pour une cure d'optimisme*. Même si le nom de l'auteur n'y apparaît pas, je le félicite et le remercie d'avoir composé ce petit chef-d'œuvre que je me suis permis de remanier légèrement.

J'AI LE DROIT d'être moi-même, d'avoir une belle personnalité; de préserver ma valeur personnelle partout et toujours; de conserver mes façons d'être qui je suis et qui j'ai librement et lucidement choisi d'être dans le passé, au présent et à l'avenir.

J'AI LE DROIT de vivre comme je l'entends, la diversité des êtres humains étant la plus grande richesse du monde. En réalité, je crois en moi-même car je connais bien mes grandes possibilités.

J'AI LE DROIT de progresser, de changer, de devenir meilleur; d'agir face aux événements; de refuser un sort inférieur; d'avoir un idéal personnel; de n'être limité par personne ni rien, sauf par mon sens de la justice, mes aptitudes et mon zèle.

J'AI LE DROIT d'aimer et d'être aimé; d'être accueilli, accepté, estimé, admiré pour qui je suis, pour ce que je vaux et représente, quitte à me corriger constamment de mes imperfections.

J'AI LE DROIT de mettre l'amour authentique au centre de ma vie afin de m'épanouir totalement.

J'AI LE DROIT d'avoir de nombreuses et grandes amitiés avec ceux et celles qui m'apprécient à ma juste valeur.

J'AI LE DROIT d'être heureux, de m'occuper selon mes ambitions, de m'activer selon mon bon plaisir et de remplir des fonctions qui me satisfont pleinement.

J'AI LE DROIT d'être respecté et de faire tout ce qui est nécessaire pour augmenter mon estime personnelle sans nuire à autrui; de m'exprimer librement en toute circonstance.

J'AI LE DROIT d'être libre, de prendre mes responsabilités comme individu autonome; de m'acquitter de mes devoirs selon ma parole donnée en respectant les droits de chacun, mais sans être dominé par qui que ce soit.

J'AI LE DROIT d'exiger la confiance des autres envers moi et, en retour, de leur faire confiance; de me reprendre, si je me suis trompé; de mettre tout en œuvre pour me débarrasser de mes complexes d'infériorité, de lâcheté, d'impuissance et de soumission infantile. Je ne me décourage ni ne me néglige jamais, n'abandonnant rien d'important.

J'AI LE DROIT d'apprendre, de questionner, de savoir le pourquoi des actes qu'on m'impose; d'être écouté et pris au sérieux.

J'AI LE DROIT à ma vie privée personnelle, dans mon travail, ma famille, la société autant que dans mes rapports avec les autres sans jamais être dénigré, abaissé et ridiculisé. Je n'ai qu'une vie à vivre et je n'ai que faire de l'opinion des autres, de la mode, des tabous et des préjugés.

J'AI LE DROIT d'être en santé, de développer mon énergie, d'embellir mon corps, de faire progresser mon esprit, de jouir de la vie, d'être beau, fort et séduisant, rempli de vitalité.

J'AI LE DROIT de refuser d'être empoisonné par quiconque, fumeurs et pollueurs de toutes sortes.

J'AI LE DROIT de réussir, de gagner souvent, de posséder ce qui me plaît, d'avoir des ambitions même si elles sont jugées excessives par les fainéants et les médiocres; d'imaginer des projets et de les réaliser; de rêver et d'espérer; de croire à ma bonne étoile; de chanter et de sourire; de tenter, en tout temps, d'atteindre les sommets; d'être largement récompensé de mes labeurs; d'être fier de mes réussites et de vouloir devenir, selon mes aspirations et ma seule volonté, un grand artiste, un héros, un savant, un génie, un saint, un valeureux homme d'État, un fameux découvreur, un important homme d'affaires ou une éminente personnalité dans n'importe quel domaine.

J'AI LE DROIT de travailler, de gagner ma vie décemment; de tirer avantage de mes talents; d'être dynamique et entreprenant; de disposer de loisirs agréables; de collaborer au progrès des sciences, des arts, des industries et des affaires; de construire ma vie selon mon originalité pour le bénéfice de tous et dans la paix quotidienne.

J'AI LE DROIT de penser, de croire et d'admirer ce qui me semble vrai, beau, bien et grand même si les autres ne partagent pas mes vues.

J'AI LE DROIT de croire à mon destin et, comme chaque être humain, de me savoir unique, inestimable et irremplaçable; d'être populaire et de vivre une vie passionnante.

J'AI LE DROIT de donner et de recevoir pour satisfaire mes besoins, mes vœux et mes goûts, pour faire plaisir à mon prochain pour qu'il partage les bonnes choses dont je dispose.

BIBLIOGRAPHIE

ATKINS, Dr Robert C. *Dr Atkins Superenergy Diet*, New York, Crown Publishers, Inc., 1977.

BAYRD, Edwin. *Maigrir*, Montréal, Éditions de l'Homme, 1978.

BECKER, Bruce. *Décisions*, Presses Sélect ltée, Montréal, 1978.

BRANDEN, Nathaniel. *The Psychology of Self-Esteem*, Los Angeles, Nash Publishing Corp., 1969.

BRICKLIN, Mark. *Lose Weight Naturally*, New York, Rodale Press, Inc., 1978.

BROWNE, Harry. *How I Found Freedom in and Unfree World*, New York, The MacMillen Publishing Co., 1973.

DUFTY, William. *Sugar Blues*, Rednor, PA, Chilton Book Co, 1975.

DYCHTWALD, Kenneth. *Bodymind*, New York, Pantheon Books, 1977.

DYER, Dr Wayne. *Objectif l'infini!*, Montréal, Presses Sélect ltée, 1980.

FERGUSON, Marilyn. *Les enfants du Verseau*, Paris, Calmann-Levy, 1980.

FONTAINE, France. *Les objectifs d'apprentissage*, Montréal, Services pédagogiques, Université de Montréal, 1977.

FLEAT, Thurman, *Rays of the Dawn*, 1950.

FREDERICK, Carl. *Le jeu de la vie*, Montréal, Le jour, éditeur, 1974.

GALLWEY, W. Thimothy. *Inner Tennis*, New York, Random House, Inc., 1976.

GAUTHIER, Lucie et POULIN, Normand. *Savoir apprendre*, Sherbrooke, Éditions de l'Université de Sherbrooke, 1983.

GENDLIN, Dʳ Eugene T. *Au centre de soi*, Montréal, Le jour, éditeur, 1978.

GLAUDE, Albert. *Catharsis*, Montréal, Éditions internationales Alain Stanké, 1984.

HÉTU, Jean-Luc. *La relation d'aide*, Montréal, Éditions du Méridien, 1986.

HILL, Napoleon. *Réfléchissez et devenez riche*, Montréal, Le Jour, éditeur, 1966.

KEMP, Daniel. *La différence*, Boucherville, Éditions de Mortagne, 1986.

KIRSCHNER, Josef. *L'art d'être égoïste*, Montréal, Le jour, éditeur, 1976.

LERÈDE, Jean. *Les troupeaux de l'aurore*, Boucherville, Éditions de Mortagne, 1980.

LŒHR, Dʳ James E. *Athletic Excellence*, Denver, CO, Forum Publishing Co., 1982.

LEIDER, Richard J. *La puissance de l'intention*, Montréal, Les Éditions de l'Homme, 1985.

LOWE, Carl et NECHAS, James W. *Whole Body Healing*, Rodale Press, Inc., 1983.

PERLS, Dʳ Frederick, HEFFERLINE, Ralph E. et GOODMAN, Paul. *Gestalt Thérapie*, Montréal, Les éditions internationales Alain Stanké, 1977.

PIAGET, Jean. *To Understand Is To Invent*. Kingport, Kingport Press, 1976.

PRINCE, Yves H. Cours: *Diagnostic des besoins personnels et technique de fixation des objectifs*, 1983.

PRINCE, Yves H. Cours: *Psychologie au tennis*, 1984.

PRINCE, Yves H. Cours: *Méthode holistique d'entraînement sportif*, 1985.

RAND, Ayn. *The Virtue of Selfhisness*, New York, New American Library, 1961.

ROBIN, Ginette. *Guide d'élaboration d'un portfolio*, Montréal, Association des formateurs d'adultes, 1984.

ROGERS, Carl. *On Becoming a Person*, Boston, Houghton Mifflin Co., 1968.

SACKSICK, Dr Hubert. *Maigrir sans rechute*, Montréal, Presses Sélect ltée, 1980.

SCHIFF, Dr Martin M. *Doctor Schiff's One-Day-at-a-Time Weight-Loss Plan*, New York, Stein & Day, 1980.

SELYE, Hans. *Stress sans détresse*, Montréal, Éditions La Presse ltée, 1974.

STARENKYJ, Danièle. *Le mal du sucre*, Armagh, Québec, Publications Orion inc., 1981.

WALLACE, Dr Frank R. *Neo-Tech*, Torrance, CA, Neo-Tech Publishing Co., 1982.

WHITTLESSY, Marietta. *Killer Salt*, New York, Bolder Books, 1977.

YOGI, Maharishi Mahesh. *La science de l'Être et l'art de vivre*, Paris, Robert Laffont, 1976.

YUDKIN, Dr John. *Sweet and Dangerous*, New York, Peter H. Wyden, Inc., 1972.

ZAFFUTO, Anthony et Mary. *Auto-guérison*, Montréal, Québec/Amérique, 1981.

POUR COMMANDER LES CASSETTES DE DÉTENTE ALPHAGÉNIQUE SUIVANTES

(Sur chaque cassette: côté A avec éveil; côté B avec induction au sommeil.)

1. DÉTENTE (recommandée pour vos propres messages de visualisation)
2. PERTE DE POIDS
3. ANXIÉTÉ
4. CONFIANCE EN SOI
5. TABAC
6. ALCOOL
7. DROGUES
8. TENSION
9. MIGRAINE
10. INSOMNIE
11. ASTHME
12. ALLERGIES
13. PROBLÈMES SEXUELS MASCULINS
14. PROBLÈMES SEXUELS FÉMININS

Le prix est de 19,95 $ (en devises canadiennes) par cassette, incluant les taxes et les frais de manutention.

Cassettes alphagéniques,
357, rue Jacques-Cartier Sud, C. P. 428
Saint-Jean-sur-Richelieu (Québec) J3B 6Z5
Téléphone: (450) 358-4555
Mandats bancaires, chèques et Visa acceptés.
Par Internet: *reussites-illimitées.com*
Livraison: environ deux semaines.

Cours également disponible.

Montréal ❀

Feuillet de circulation

153-8

À rendre le

2 6 FEV. 2005		03
2 0 AVR. 2005		13
2 MAI 2005		
2008: 5 fois		04
2010: 2x		2004
2009: 6x		

SEP '04

04

2004

06.03.375-8 (10-03) ❀

05